Miriam Garmatter

Die Rolle der Musik in der nationalsozialistischen Erziehung

Musik und Erziehung im "Dritten Reich"

GRIN Verlag

Bibliografische Information der Deutschen Nationalbibliothek:

Die Deutsche Bibliothek verzeichnet diese Publikation in der Deutschen National-
bibliografie; detaillierte bibliografische Daten sind im Internet über http://dnb.d-
nb.de/ abrufbar.

Impressum:

Copyright © 2010 GRIN Verlag GmbH
Druck und Bindung: Books on Demand GmbH, Norderstedt Germany
ISBN: 978-3-656-57264-0

Dieses Buch bei GRIN:

http://www.grin.com/de/e-book/267155/die-rolle-der-musik-in-der-nationalsozialis-
tischen-erziehung

GRIN - Your knowledge has value

Der GRIN Verlag publiziert seit 1998 wissenschaftliche Arbeiten von Studenten, Hochschullehrern und anderen Akademikern als eBook und gedrucktes Buch. Die Verlagswebsite www.grin.com ist die ideale Plattform zur Veröffentlichung von Hausarbeiten, Abschlussarbeiten, wissenschaftlichen Aufsätzen, Dissertationen und Fachbüchern.

Besuchen Sie uns im Internet:

http://www.grin.com/

http://www.facebook.com/grincom

http://www.twitter.com/grin_com

Die Rolle der Musik in der nationalsozialistischen Erziehung

Bachelor-Arbeit vorgelegt im Rahmen der Bachelor-Prüfung

für den 2-Fächer-Bachelor-Studiengang

im Teilstudiengang Musik

von Miriam Garmatter

Datum: Osnabrück, 30. 10. 2010

Inhaltsverzeichnis

1 Einleitung

Wenn ich jetzt gelegentlich mit Leuten, die vor 1945 auf der Seite der Barrikaden gestanden haben, über jene Zeit spreche, spüre ich jedesmal [!] ihre Verstimmung, sobald ich etwa erwähne, dass damals eine intensive und weithin anspruchsvolle Jugendmusikpflege geleistet worden ist. Ich verstehe diesen Widerstand sehr gut. Es wäre viel einfacher, wenn jetzt gesagt werden könnte: in der Hitler-Jugend sind nur blutrünstige Schauergesänge gegrölt und nur Militärmärsche gespielt worden. Aber so war es nicht, und das gilt auch für andere Sachgebiete.[1]

Auf diese Weise versucht Melita Maschmann[2] die Musikarbeit in der Hitlerjugend im Rückblick zu verteidigen. Die Zeitzeugin war im „Dritten Reich" begeistertes und aktives Mitglied der weiblichen Gliederung der Hitlerjugend „Bund Deutscher Mädel"[3]. Sie vertritt den Standpunkt, dass die kulturelle Arbeit in der Jugendorganisation der Partei nicht generell verurteilt werden könne. Es habe auch positive und nicht nur soldatisch-kämpferische Aspekte in der Musikpflege gegeben. Wie eine solche Stellungnahme zu bewerten ist, soll im Folgenden herausgearbeitet werden. Dabei interessiert, ob und inwieweit die Musik von den Nationalsozialisten zweckmäßig, insbesondere für die Erziehung der Kinder und Jugendlichen im „Dritten Reich" eingesetzt wurde und welche Rolle die Musik für die Verbreitung und Verinnerlichung der nationalsozialistischen Weltanschauung spielte. Dies soll konkret am Beispiel der Hitlerjugend analysiert werden. Die Schule und die Familie als weitere Erziehungsinstitutionen werden in dieser Arbeit nur am Rande berücksichtigt. Zudem soll herausgearbeitet werden, inwiefern die NS-Ideologen in der Musikerziehung an vor 1933 bestehende Bewegungen, Einstellungen und Strukturen anknüpften, oder ob ein radikaler Neubeginn in der Musikpolitik mit der „Machtübernahme" durch die

---

[1] Maschmann, Melita: *Fazit: Mein Weg in die Hitler-Jugend.* München 1980 (3. Auflage), S. 56. Alle Zitate werden auch im Folgenden kursiv gesetzt.
[2] Melita Maschmann wurde 1918 in Berlin geboren und wurde mit 15 Jahren Mitglied und bald darauf auch Pressebeauftragte im BDM. Nach ihrem Abitur 1937 war sie hauptberuflich in der Presse- und Propagandaabteilung des BDM tätig. Ab 1943 gehörte sie als Referentin der BDM-Pressestelle der Reichsjugendführung an. Nach dem Krieg wurde sie inhaftiert, nahm an dem Entnazifizierungsprogramm teil und nahm ihre Tätigkeit als Journalistin wieder auf. In „Fazit" schreibt Maschmann in Form eines Briefes an eine jüdische Schulfreundin über ihre Erlebnisse im „Dritten Reich".
[3] Im Folgenden mit BDM abgekürzt.

Nationalsozialisten einherging. Speziell wird der Fokus in diesem Fall auf die Jugendmusikbewegung gerichtet sein.

Hierbei dürfen die verschiedenen Ebenen von Absicht, Umsetzung und tatsächlicher Wirkung nicht miteinander vermengt werden. Weder kann aus den musikpolitischen und erzieherischen Absichten der Nationalsozialisten auf die Verwirklichung dieser Ziele geschlossen werden, noch kann man an einer „erfolgreichen Umsetzung" politischer Entschlüsse die Wirksamkeit dieser Maßnahmen ablesen. Hierzu benötigt man wiederum Informationen von den Betroffenen. Es wird deutlich, dass die Voraussetzung für eine intensive Auseinandersetzung mit der Rolle der Musik und Musikerziehung im „Dritten Reich" eine detaillierte Kenntnis der Quellenlage ist. Auf diese wird im folgenden Kapitel näher eingegangen.

Bevor im Folgenden der Begriff „Musikerziehung" immer wieder benutzt wird, soll zunächst geklärt werden, wie dieser Begriff zu verstehen ist. Da sowohl die Funktion, Wirkung und Erfahrung von Musik berücksichtigt werden soll, ist es sinnvoll eine weite Fassung des Begriffes vorzunehmen. In dieser Arbeit wird für den Terminus „Musikerziehung" eine Deutungsmöglichkeit gewählt, die sich an die Begriffsbestimmung von Antholz und Niessen anlehnt. Demnach soll *Musikerziehung als bewusste und unbewusste, gewollte und ungewollte, erzieherische und verzieherische Vermittlungsprozesse* [4] angesehen werden.

2   Vorhandene Quellen zur Musikerziehung

Eine intensive Auseinandersetzung mit der Rolle der Musik und Musikerziehung im „Dritten Reich" setzt eine detaillierte Kenntnis der Quellenlage voraus. Es stellt sich die Frage, welche der vorhandenen Quellen wirklich maßgeblich sind. Zum einen existieren Veröffentlichungen über Musik und die Rolle der Musikerziehung aus der Zeit des Nationalsozialismus, welche jedoch nicht zwangsläufig die tatsächliche Situation im „Dritten Reich" widerspiegeln. Greuel weist auf hermeneutische Schwierigkeiten hin, welche beim Umgang mit Publikationen aus der Zeit des Nationalsozialismus bestehen:

> Weil das Nazi-Regime […] *ein menschenverachtendes Terror-Regime war, das ideologiekritische oder gar -feindliche Äußerungen mit großer Brutalität*

---

[4] Niessen, Anne: *„Die Lieder waren die eigentlichen Verführer!": Mädchen und Musik im Nationalsozialismus.* Mainz 1999, S. 21.

bekämpfte, erzeugte es Angst, und von Menschen, die Angst haben, kann niemand vollständigen authentischen Ausdruck erwarten. Deshalb kann die für das Verstehen unabdingbare Entsprechung von Geschriebenem und Gemeintem nicht grundsätzlich vorausgesetzt werden. [5]

Greuel widerspricht Günthers Feststellung, dass für niemanden im „Dritten Reich" ein Zwang zur Publikation bestand und angebotene Ämter ohne Angst vor Nachteilen abgelehnt werden konnten. Greuel nennt als Gegenbeispiel Michael Alt, welcher unter anderem aufgrund seiner zu geringen Anteilnahme am Parteigeschehen unter Druck geriet und sich vor den Nationalsozialisten hierfür rechtfertigen musste. [6]

Wenn nicht auszuschließen ist, dass das Geschriebene nicht äquivalent zu dem Gemeinten ist, muss die Authentizität des Geschriebenen infrage gestellt werden. Greuel macht in diesem Zusammenhang darauf aufmerksam, dass in totalitären Systemen die Glaubwürdigkeit von schriftlichen Meinungsäußerungen stark beschränkt sei. So lassen *ideologiefreundliche Aussagen innerhalb eines totalitären Zwangssystems* [...] *also nicht per se auf eine ideologiefreundliche Gesinnung des Autors* [schließen]. *Gleichzeitig kann das Ausbleiben ideologiekonformer Aussagen durchaus ein Hinweis sein auf die kritische oder gar ablehnende Haltung des Autors dem Regime gegenüber.* [7] Neben der Verstellung des Autors schließt Greuel auch die Fremdbeeinflussung des Textes durch Nationalsozialisten nicht aus. Trotzdem sei eine grundsätzliche Entlastung von Aussagen, weil diese in einem totalitären Staat gemacht wurden, nicht zu rechtfertigen. [8]

Zum anderen liegen Liederbücher, Schulbücher, Spielmusiken und weitere kompositorische Veröffentlichungen aus dieser Zeit vor. Diese informieren über Konstanz und Veränderungen des Repertoires für die Spiel- und Singpraxis der verschiedenen Erziehungsinstitutionen vor und nach der Machtübernahme durch die Nationalsozialisten. In diesem Zusammenhang stellt sich die Frage, inwiefern sich in dem gesungenen Liedgut NS-Erziehungsziele wiederfinden und welche

---

[5] Greuel, Thomas: *Anregungen für den verantwortbaren Umgang mit musikpädagogischen Veröffentlichungen aus der Zeit der nationalsozialistischen Gewaltherrschaft. In: Vom Umgang des Faches Musikpädagogik mit seiner Geschichte,* hrsg. von Mechthild von Schönebeck. Essen 2001, S. 167.
[6] Vgl. Ebd., S. 167 - 168.
[7] Ebd., S. 168.
[8] Vgl. Ebd., S. 169.

eventuell konkret in den Liedern übernommen wurden. Bestehen Zusammenhänge zwischen konkreten NS-Erziehungszielen, beispielsweise einer Erziehung zum „blinden" Gehorsam an den „Führer", zur Opfer- und Kampfbereitschaft oder zum Glauben an die Volksgemeinschaft, und den gesungenen Liedern, so sollen diese im Abschnitt 5.5 herausgearbeitet werden. Dabei interessiert insbesondere die Funktion des Singens. Diese kann nicht ohne Weiteres aus dem Text oder der musikalischen Gestaltung eines Liedes entnommen werden. Um die vorgesehene Erziehungsaufgabe und die tatsächliche Bedeutung eines Liedes für die Kinder und Jugendlichen zu erfassen, müssen Hintergründe und Zusammenhänge in Bezug auf das Singen dieses Liedes im alltäglichen Gebrauch herausgearbeitet werden. Hierbei können Zeitzeugen wichtige Informationen liefern.

Diese Erinnerungen von Zeitzeugen stellen eine weitere wichtige Quelle dar. Sie geben umfassende und detaillierte Auskünfte darüber, wie der Alltag im „Dritten Reich" von einzelnen Menschen oder Personengruppen erfahren wurde. Die gemachten Erlebnisse von Zeitgenossen sind jedoch sehr unterschiedlich, sodass eine Übertragung oder Verallgemeinerung von individuellen Erfahrungen auf die Gesamtheit der Bevölkerung schwer möglich ist. Aussagen von Zeitzeugen können nicht als objektive Schilderung der damaligen Gegebenheiten angesehen werden. Vielmehr sind sie zu einem hohen Grade subjektiv aufgeladen. Einige Zeitzeugen neigen dazu, ihr damaliges Verhalten, ihre Einstellung und ihre individuellen Erlebnisse als typisch für diese Zeit anzusehen. Solche Behauptungen müssen in jedem Fall kritisch überprüft und gegebenenfalls in Zweifel gezogen werden.

So stellt beispielsweise Melita Maschmann ihren Weg und Lebenslauf im „Bund Deutscher Mädel" als charakteristisch für das Verhalten der meisten Jugendlichen zu der damaligen Zeit dar. Ihr Bedürfnis nach Anerkennung und ihre Suche nach dem Sinn des Lebens nennt sie als Gründe zur aktiven Teilnahme bei der nationalsozialistischen Bewegung:

> *Wenn ich den Gründen nachforsche, die es mir verlockend machten, in die Hitler-Jugend einzutreten, so stoße ich auch auf diesen: Ich wollte aus meinem kindlichen, engen Leben heraus und wollte mich an etwas binden, das groß und*

wesentlich war. Dieses Verlangen teilte ich mit unzähligen Altersgenossen. [9]

Hier schließt Maschmann von sich auf andere Jugendliche, ohne zuvor zu überprüfen, ob diese Generalisierung zulässig ist. Grebig bezweifelt, dass Maschmann repräsentativ für die Jugendlichen im „Dritten Reich" sei und ihr Weg zum Nationalsozialismus als typisch gelten könne. Sie stellt heraus, dass dieser Anspruch Maschmanns *nur sehr eingeschränkt gelten* [könne]:

> *Es ist allenfalls der typische Weg eines Jugendlichen, der in einem aktiv deutschnationalen, nicht kirchlich gebundenen Elternhaus aufgewachsen ist, in dem die Abneigung gegenüber der Republik, das Leiden an der Niederlage Deutschlands im Weltkrieg und ein nicht unbedingt politisch gerichteter abstrakter Antisemitismus offenbar den Tenor des Familiengesprächs in Sachen Politik bestimmten.* [10]

Hier wird deutlich, wie spezifisch die Situation jedes Individuums war. Übertragungen von Aussagen einiger Zeitgenossen auf den Großteil der übrigen Zeitgenossen bergen die Gefahr, dass persönliche Erfahrungen als allgemein gültig hingestellt werden. Was Grebig im Fall von Maschmann für nicht voll aufklärbar hält, nämlich *ob der wiederholt geäußerte Anspruch von Melita Maschmann – „Ich darf hier für viele meiner Gefährten sprechen" – wirklich zu Recht besteht. Einige Zweifel an diesem Anspruch bleiben, da sich der Eindruck einer gewissen Singularität der Person Melita Maschmanns nicht ohne weiteres verdrängen lässt* […] [11] kann stellvertretend für die meisten Zeitzeugenaussagen als zutreffend angesehen werden.

Zudem sollte berücksichtigt werden, dass sich über die Lebensspanne eines Menschen die Erinnerung an frühere Erlebnisse und Verhaltensweisen wandelt. Somit ist selbst die Übereinstimmung von Erfahrungsberichten mit damals individuell Erlebtem nicht unbedingt gegeben. In der Erinnerung können damals subjektiv als wichtig empfundene Erlebnisse an Bedeutsamkeit verloren haben, in Vergessenheit geraten sein oder eine positive bzw. negative Färbung erhalten haben. Fried fordert eine Berücksichtigung psychologischer Erkenntnisse über Erinnerungsweisen und Erinnerungsleistungen in der historischen Forschung. Er

---

[9] Maschmann 1980, S. 9.
[10] Grebig, Helga: *Über Melita Maschmann. In: Fazit - Mein Weg in die Hitler-Jugend,* von Melita Maschmann. München 1980 (3. Auflage), S. 245.
[11] Ebd., S. 250.

fasst die Ergebnisse der Gedächtnisforschung prägnant zusammen: *Keine Erinnerung bleibt sich gleich. Keine zwei Erinnerungen über denselben Gegenstand sind identisch.* [...] *Eine Erinnerung ist* [...] *zunächst und in erster Linie ein Zeugnis für die Befindlichkeit dessen, der sich erinnert und zwar zum Zeitpunkt und unter den Umständen seines Erinnerns.*[12] Außerdem korreliere die Zeitdauer zwischen Erlebtem und Erinnertem mit dem Grad der Veränderung der Erinnerung: *Je weiter zurück das zugehörige Erleben liegt, desto höher steigt die Verformungsrate.*[13] Vielfach berichteten und berichten gerade Zeitzeugen des „Dritten Reichs" erst nach Jahren oder Jahrzehnten von damaligen Erlebnissen. Somit ist unter diesen Umständen *jede Geschehensreproduktion aus dem Gedächtnis ein in doppeltem Sinne heikles Unterfangen: zunächst für jene, die sich an etwas Bestimmtes erinnern wollen; dann aber auch für jene, die sich auf diese Erinnerungszeugnisse verlassen möchten oder müssen, um Vergangenes zu vergegenwärtigen.*[14] Antholz, der seinen autobiografischen Bericht über seine Erlebnisse in der Zeit des Nationalsozialismus auf eigene Erinnerungen und Erinnerungen von damaligen Freunden, Bekannten und Familienangehörigen stützt, ist sich des Problems der selektiven Erinnerung bewusst. Er zieht seine eigenen Erinnerungen in Zweifel und begründet dies an Beispielen. Einige Erlebnisse, die von den Klassenkameraden gemeinsam in der Schule gemacht wurden, tauchen teilwiese überhaupt nicht in der Erinnerung von Antholz auf. Andere wurden grundlegend anders wahrgenommen.[15]

Antholz konstatiert und machte an seiner eigenen Person deutlich, dass *Erinnerungen* [...] *unbewussten, vorbewussten und bewussten Filterungs- und Ausblendungsprozessen* [unterliegen]. *Sie sind sortiert und selektiert* [...].[16] Antholz spricht das Problem an, dass Erinnerung durch Rekonstruktion des Berichtenden, aus der Perspektive der Gegenwart des Autobiografen, verändert wird. Erinnerungen werden durch die gegenwärtige Situation beeinflusst und entsprechend modifiziert. Somit entsprechen diese nicht unbedingt der

---

[12] Fried, Johannes: *Erinnerungen im Kreuzverhör: Kollektives Gedächtnis, Albert Speer und die Erkenntnis erinnerter Vergangenheit.* In: *Historie und Leben – Der Historiker als Wissenschaftler und Zeitgenosse,* hrsg. von Dieter Hein, Klaus Hildebrand und Andreas Schulz. München 2006, S. 349.
[13] Ebd., S. 351.
[14] Ebd., S. 351.
[15] Vgl. Antholz, Heinz: *Zur (Musik-)Erziehung im Dritten Reich.* Augsburg 1994, S. 27 - 32.
[16] Ebd., S. 28.

tatsächlichen Wahrnehmung des damaligen Alltags.[17] Trotz oder besonders aufgrund der Subjektivität haben die Erinnerungen eine wichtige Bedeutung, um die Erkenntnisse über Musikerziehung im „Dritten Reich" zu gewinnen. Diese liegt insbesondere in einer differenzierten Erfassung dieses Forschungsgegenstandes und im besseren Verständnis der Alltagsgeschichte und Wirklichkeit im „Dritten Reich". Ein Vergleich von Erfahrungsberichten mit Veröffentlichungen durch bedeutende NS-Politiker, NS-Erzieher und Musikpädagogen, die zwischen 1933 und 1945 in Deutschland eine führende Position im System innehatten, gibt zudem Hinweise auf den tatsächlichen Erfolg der Umsetzung von Zielsetzungen des NS-Regimes.

Steinbach bedient sich unter anderem der Methode der Oral History, um den –wie er es nennt – „subjektiven Faschismus" zu erforschen. Er bemängelt die vorherrschende kritische Haltung der Historiker gegenüber der Erschließung neuer Quellen und qualitativer Forschungsmethoden. Es herrsche eine überwiegend negative Einstellung in Bezug auf die Durchführung und Auswertung von „qualitativen Interviews" und gegenüber *dem Erkenntniswert und der Interpretierbarkeit subjektiver Geschichtserfahrungen überhaupt [...].*[18] Steinbachs Interesse gilt dem durchschnittlichen „Normalbürger", der aus der mittleren oder unteren Gesellschaftsklasse stammte und über welchen die bis dahin hauptsächlich genutzten schriftlichen Quellen nur wenig zu berichten haben. Er möchte mit seinen geführten Interviews keinen Beitrag zur allgemein anerkannten Geschichtsüberlieferung leisten oder die Lebensgeschichten von Größen des Nazi-Regimes wiedergeben.

> *Die Interviewaussagen spiegeln subjektiv erfahrene und erlebte Geschichte wider. Sie sind zugleich auch erinnerte Geschichte. Die Zeitzeugen, die [...] ihre Lebensgeschichte, angereichert und verändert von der inzwischen erlebten Zeit, erzählen, sind Einzelfälle und stehen nicht für das Ganze. Ihre Lebensgeschichten sind weder „repräsentativ", noch lassen sie sich in der verallgemeinernden Aussage bündeln, so sei der faschistische Alltag gewesen.*[19]

---

[17] Vgl. Antholz, S. 30 - 32.
[18] Steinbach, Lothar: *Ein Volk, ein Reich, ein Glaube? Ehemalige Nationalsozialisten und Zeitzeugen berichten über ihr Leben im Dritten Reich.* Bonn 1983, S. 12.
[19] Ebd., S. 13.

Steinbach fügt hinzu, dass „*über der einfachen oder komplizierten Originalität des Einzelfalls [...] das Typische sichtbar werden* [könnte][20] und durch das Vergleichen von Erzählungen mehrerer Interviewpartner Allgemeines herauskristallisiert wird.[21]

Auch Niessen ist mit ihrer Untersuchung diesem Kontext der qualitativen Forschungsweise zuzuordnen. Sie untersucht mit der Methode des narrativen Interviews die Rolle der Musik im Nationalsozialismus in Bezug auf die weiblichen Kinder und Jugendlichen. Ihr geht es *bei der Auswertung von Interviews nicht um das Herauslesen von Fakten [...], sondern um eine Annäherung an Erfahrungen.*[22] Niessen berücksichtigt die gestalterischen Freiheiten, die beim Erzählen über die eigene Vergangenheit gegeben sind und den Interviewpartnern die Vermittlungen eines weitestgehend stimmigen Selbstbildnisses ermöglichen. Hierin sieht sie kein Hindernis, sondern vielmehr die günstige Gelegenheit der Vermittlung von Erfahrungen, die sich in diesen Geschichten verbergen.[23]

Um ein möglichst komplexes Bild von der Musikerziehung in der Zeit des Nationalsozialismus zu erhalten, sollen mögliche Diskrepanzen zwischen Aussagen, Zielsetzungen und Werten des NS-Regimes einerseits und der realen Umsetzung oder Nicht-Umsetzung aufgedeckt und reflektiert werden. Hierfür ist die Berücksichtigung der verschiedenen, oben genannten Quellen, unabdinglich.

3   Erziehungsvorstellung im „Dritten Reich"

Die Erziehung der Kinder und Jugendlichen im „DrittenReich" beruhte im Wesentlichen auf drei Säulen der Erziehung. Neben der privaten Erziehung in der Familie und der staatlichen Erziehung durch die Schule stellte die Erziehung durch die Partei in den Jugendorganisationen der NSDAP die gewichtigste Erziehungsinstitution im „Dritten Reich" dar. Der Familie wird von den Nationalsozialisten jedoch insgesamt wenig Einfluss auf die Erziehung der Kinder zugesprochen. Nach den ersten Lebensjahren, in denen die Erziehung hauptsächlich bei der Familie liegt, beanspruchen ab dem Schulalter Partei und

---

[20] Steinbach, S. 13.
[21] Vgl. Ebd.
[22] Niessen, S. 69.
[23] Ebd.

Staat das Erziehungsrecht für sich, wie es in den Forderungen Benzes ersichtlich wird:

> *Die nationalsozialistische Bewegung als das wache Gewissen des deutschen Volkes erhebt grundsätzlich den Anspruch, dass sie – wie in allen weltanschaulichen Fragen – auch in der Erziehung von jung und alt die letzte Entscheidung hat. In ihrem Auftrag bildet die Parteiorganisation zusammen mit dem nationalsozialistischen Staat die zweieinige Erziehungsmacht, die allein die Erziehungshoheit besitzt.[24]*

3.1 Allgemeine pädagogische Leitlinien und Erziehungsvorstellungen

Zunächst soll das Gesamtziel der nationalsozialistischen Politik, worauf alles andere ausgerichtet war, dargestellt werden. Die Nationalsozialisten beabsichtigten einen Wandel sowohl des deutschen Staates und der deutschen Gesellschaft als auch einen revolutionären Umsturz des europäischen oder sogar globalen Staatensystems. Auf Grundlage des Rassegedankens sollte die Zusammensetzung der Gesellschaft innerhalb und außerhalb Deutschlands qualitativ verändert werden.[25]

> *Um ihre welthistorische und revolutionäre Mission erfüllen zu können, benötigten die Nationalsozialisten einen „neuen" Menschen, der – ohne Skrupel und moralische Hemmungen – dazu ausersehen war, die aus der Vergangenheit abgeleiteten Zukunftsvisionen bereits in der Gegenwart zumindest ansatzweise zu realisieren.[26]*

Es bleibt die Frage, ob und wie in der Erziehungspolitik diese Vorstellung des „neuen" Menschen umgesetzt wurde. Gab es ein konkretes pädagogisches Konzept, an dem man sich orientierte?

Von einer „nationalsozialistischen" Erziehung kann laut Scholtz nicht die Rede sein.[27] Giesecke stimmt dem zu und weist darauf hin, dass es *eine partei- oder staatsoffizielle pädagogische Doktrin* [...] *im Nationalsozialismus nicht gegeben* [habe].[28] Als Grundlage und maßgebliche Quelle der Erziehungspolitik im

---

[24] Benze, Rudolf: *Totaler Erziehungsanspruch. In: Führung und Verführung – Pädagogik des Nationalsozialismus,* hrsg. von Hans-Jochen Gamm. Frankfurt am Main 1984, S. 53.

[25] Vgl. Pehle, Walter H. (Hrsg.): *Die Zeit des Nationalsozialismus – Eine Buchreihe.* Frankfurt am Main 1993, S. 76.

[26] Ebd., S. 76.

[27] Vgl. Scholtz 1985, S. 15.

[28] Giesecke, Hermann: *Hitlers Pädagogen – Theorie und Praxis nationalsozialistischer Erziehung.* München 1999, S. 9.

„Dritten Reich" dürfen wohl die Äußerungen Hitlers gelten.[29] Hitler widmet dem Thema Erziehung in „Mein Kampf" ein eigenes Kapitel, worin er seine *Erziehungsgrundsätze, die ganz im Geiste sozialdarwinistischer Vorstellungen verfasst* [sind][30], nennt. Die gesamte Bildung und Erziehung ordnet Hitler „rassischen" Prinzipien unter und stellt *sie in deren Dienst. Geistesfeindlichkeit ist eine der logischen Folgen.*[31] Die Schule als eine der Institutionen für die Erziehung der Kinder spielte für Hitler eine eher untergeordnete Rolle. *Bekanntlich haben Hitler und die Mehrzahl der NS-Parteiideologen der Schule keinen allzu hohen Erziehungswert beigemessen.*[32] Er war der Ansicht, dass sich die Anpassung an die NS-Mentalität durch „unterrichtliche Unterweisung" nicht erreichen ließ.[33]

> *In deutlichem Unterschied zu den faschistischen Systemen, die die Beeinflussung durch die Schule im Interesse der Militärtauglichkeit der Jugend durch militärische Jugendorganisationen ergänzten, sorgte Hitler für den Aufbau einer von der Schule ganz unabhängigen Erziehungsmacht, der „Hitler-Jugend", die* [...] *in Hitlers Sinn „erziehen" sollte.*[34]

Hitlers Ziel war ein möglichst lückenloser Erziehungsstaat.[35] Somit war die Schule *insoweit interessant, als es galt, nationalsozialistisches Denken wenn möglich lückenlos und überall durchzusetzen.*[36] Seine Grundsätze werteten alle demokratischen und liberalen Elemente völlig ab und *zielten* [...] *auf die Reduktion der intellektuellen und wissenschaftlichen Bildung zugunsten der Willens- und Charaktererziehung sowie der körperlichen Ertüchtigung, darüber hinaus auf völkisch-rassistische Indoktrination.*[37]

Hitler kehrte die damals herrschende Rangfolge der Erziehungswerte um, indem er *die körperliche Erziehung an die erste Stelle, die Charakterbildung an die zweite und die wissenschaftliche Schulung an die dritte Stelle setzte.*[38] Damit

---

[29] Vgl. Konrad, Franz-Michael: *Geschichte der Schule: Von der Antike bis zur Gegenwart.* München 2007.

[30] Fricke-Finkelnburg, Renate: *Schulpolitik des Nationalsozialismus. In: Der Nationalsozialismus in der historisch-politischen Bildung,* hrsg. von Meyers, Peter. Göttingen 1979, S. 94.

[31] Ebd.

[32] vgl. Keim, Wolfgang: *Erziehung unter der Nazi-Diktatur.* Darmstadt 1995, S. 86.

[33] vgl. Scholtz, Harald: *Erziehung und Unterricht unterm Hakenkreuz.* Göttingen 1985, S. 45.

[34] vgl. Ebd., S. 44 – 45.

[35] vgl. Giesecke 1999, S. 20.

[36] Konrad, S. 93. Die Rolle der Musik für die nationalsozialistische Erziehung in der Schule wird in dieser Arbeit nur am Rande thematisiert.

[37] Keim 1995, S. 86.

[38] Giesecke 1999, S. 24.

präsentierte Hitler kein wirklich neues und typisch nationalsozialistisches Erziehungsprogramm. Im Gegenteil sind *alle* [...] *pädagogischen Einzelheiten* [!] *nicht typisch nationalsozialistisch,* [!] *auch nicht Hitlers Erfindung; er fand sie vor und griff sie auf.*[39] Mit seiner Gewichtung der einzelnen Disziplinen sprach Hitler eine verbreitete Stimmung an, auch in der bürgerlichen Reformpädagogik. Beispielsweise wurde ausgiebig über die sogenannte „Verkopfung" und das Problem der Stofffülle in der Schule diskutiert.[40]

Außerdem forderte Hitler die Verkürzung der Schulzeit und eine Beschränkung der Schulinhalte auf das „Wesentliche", worunter er *die Konzentration der Schule auf die Erzeugung einer „idealistischen" Gesinnung, als Grundlage für die Leistungsmotivation* [41] verstand.

Hitlers Ankündigung über seine Vorstellungen zur schulischen Erziehung, dass die *wissenschaftliche Schulbildung mit nur geringen Veränderungen* übernommen werde, muss vehement widersprochen werden.[42] Mit der Fixierung der schulischen Aufgabe auf die Erzeugung einer bestimmten Mentalität und Gesinnung wurde *vielmehr die „wissenschaftliche" Schulbildung als solche in Frage* [gestellt].[43]

Die Erziehung der Jugend ist auf die imperialistischen Zielsetzungen der Nationalsozialisten abgestimmt. Statt *Bildung und Erziehung des Einzelnen zu einem selbstverantwortlichen, mündigen Menschen* [44] soll der Einzelne zu einem „wehrbereiten", „opferwilligen" und sich dem „Führer" unterordnenden Teil der Gemeinschaft, nicht zu einem Individuum erzogen werden.[45] In „Mein Kampf" betont Hitler die Bedeutung der Formung der Charaktereigenschaften der Kinder und Jugendlichen für die „nationalsozialistische Erziehung" und kritisiert die Schulerziehung: *Treue, Opferwilligkeit, Verschwiegenheit sind Tugenden, die ein großes Volk nötig braucht und deren Anerziehung und Ausbildung in der Schule wichtiger ist, als manches von dem, was zur Zeit unsere Lehrpläne ausfüllt.*[46] Die Individualität der Kinder tritt zunehmend in den Hintergrund. Die Erziehung zu

---

[39] Ebd., S. 22.
[40] vgl. Ebd., S. 21, S. 24.
[41] Scholtz 1985, S. 129.
[42] vgl. Ebd., S. 129.
[43] Ebd.
[44] Fricke-Finkelburg 1979, S. 95.
[45] vgl. Ebd.
[46] Hitler, Adolf: *Mein Kampf. In: Führung und Verführung – Pädagogik des Nationalsozialismus,* hrsg. von Hans-Jochen Gamm. Frankfurt am Main 1984, S. 53.

einer und in einer „Gemeinschaft" bildet die Grundlage der pädagogischen Anstrengungen. Giesecke verdeutlicht, dass Hitlers Erziehungsziele nicht am einzelnen Menschen orientiert sind, *sondern an dem, was er für die Entwicklungsgrundlage des völkischen Staates hält.*[47] Dabei wird die „Erziehung der Jugend" von Hitler in der Hauptsache als „Erziehung zum Krieg" verstanden.[48] Dementsprechend orientierten sich auch Pädagogen im „Dritten Reich" nicht am Wohl des Kindes, sondern traten stattdessen dem Kind gegenüber als Übermittler der offiziell propagierten NS-Ideologie auf.

Krieck, einer der führenden Pädagogen im „Dritten Reich" ersetzt den Begriff der „Erziehung" durch „Menschenformung" und „Typenzucht". Als Erziehungsziel nennt er die Erziehung der Deutschen zum „Deutschtum".[49] Da schon unklar ist, was genau als „deutsch" definiert wird, bleiben Veröffentlichungen von NS-Pädagogen zu Fragen der nationalsozialistischen Erziehung unkonkret und verschwommen. Dies wird unter anderem in Becks Ausführungen über „Die nationalsozialistische Erziehungsidee" deutlich. Anstelle einer Präzisierung seiner Erziehungsvorstellungen liefert Beck unscharfe Formulierungen, in denen er auf die Bedeutung des „Deutschtums" für die nationalsozialistische Erziehung hinweist:

> *Inhalt der politischen Erziehung wird das Deutschtum sein, Ziel die Idee der Deutschheit. Das Deutschtum ist uns in der Geistesgeschichte des deutschen Lebens gegenwärtig. Selten ist in ihm die Idee der Deutschheit, das Ziel deutschgemeinschaftlichen Lebens klar zum Ausdruck gekommen, niemals hat sich in ihm eine einheitliche deutsche Nationalkultur und deshalb auch niemals eine einheitliche deutsche Nationalerziehung offenbart. Die Schaffung einer einheitlichen deutschen Geisteswelt […] ist die Voraussetzung einer deutschen Nationalkultur und damit die Voraussetzung einer deutschen Nationalerziehung.*[50]

Es wird weder der Begriff „Deutschtum" noch der Begriff „Deutschheit" klar definiert. Das „Deutschtum" wird als allgemein aus der „Geistesgeschichte der Deutschen" bekannt vorausgesetzt, ohne dass näher ausgeführt wird, was genau diese „Geistesgeschichte" ausmacht. Das Ziel der nationalsozialistischen

---

[47] Giesecke 1999, S. 29.
[48] Vgl. Giesecke 1999, S. 95.
[49] Vgl. Gamm, Hans-Jochen: *Führung und Verführung – Pädagogik des Nationalsozialismus.* Frankfurt am Main 1984, S. 95 - 97.
[50] Beck, F. A.: *Die nationalsozialistische Erziehungsidee: In: Führung und Verführung – Pädagogik des Nationalsozialismus,* hrsg. von Hans-Jochen Gamm.Frankfurt am Main 1984, S. 106.

Erziehung, die „Idee der Deutschheit", sei in dem Inhalt der nationalen Erziehung, dem „Deutschtum", bislang nicht enthalten gewesen, weshalb es keine einheitliche Nationalkultur und somit auch keine einheitliche deutsche Nationalerziehung gegeben habe. Weder wird ersichtlich, wie die „einheitliche Nationalkultur" auszusehen habe, noch wie sich aus dieser die „deutsche Nationalerziehung" ergäbe. Unklare Begriffe werden durch andere unscharf definierte Begriffe und Formulierungen erläutert.

Zirkuläre Aussagen wie diese verdeutlichen, dass eine Erfassung der Erziehungsvorstellungen der Nationalsozialisten mit rationalen Überlegungen schwer möglich ist, was als charakteristisch für nationalsozialistische Ideale und Vorstellungen gelten kann. Die Erziehungsziele sollten in erster Linie nicht durch intellektuelle Bildung umgesetzt werden, da diese nicht dazu fähig sei, *die urgesetzte Grundrichtung, das Urlebensgesetz der Gemeinschaft ins klare Bewusstsein zu heben. Alle [...] Erziehung muss [!] deshalb das unmittelbare Erlebnis der Gemeinschaftsverbundenheit im werdenden Menschen entstehen lassen. [...] Das Gemeinschaftserlebnis in seiner Totalität und Unmittelbarkeit hat den stärksten Einfluss auf die Willensbildung. In der Willensbildung liegt das Zentrum der Persönlichkeitsformung.*[51] Nicht das Individuum und seine Entfaltung zu einer Persönlichkeit standen somit im Mittelpunkt des Interesseses, sondern vielmehr die Formung und Eingliederung des Einzelnen in die nationalsozialistische Gemeinschaft. Die Erreichung dieses Erziehungsziels könnte nicht durch vernunftgeleitete Argumentationen, sondern durch irrationale Momente, wie gefühlsbetonte Gemeinschaftserlebnisse, erreicht werden. Wie diese Ziele speziell in der Hitlerjugend, der Erziehungsinstitution der Partei, umgesetzt wurden und welche Rolle der Musik dabei zugemessen werden darf, wird in Kapitel 5 analysiert werden.

3.2 „Musische Erziehung" als eine Leitidee der NS-Erziehung

Auch Krieck betonte *das Ekstatische und Enthusiastische und sah in der irrationalen „Seelenpflege" ein wirksames Gegengewicht zur rationalen und intellektuellen Einseitigkeit bisheriger Erziehung.*[52] Schon in den 1920er Jahren prägte der Pädagoge den Begriff „Musische Erziehung", welcher besonders

---

[51] Beck 1984, S. 106.
[52] Günther, Ulrich: *Musikerziehung im Dritten Reich – Ursachen und Folgen. In: Geschichte der Musikpädagogik: Handbuch der Musikpädagogik (Band 1),* hrsg. von Hans-Christian Schmidt. Kassel 1986, S. 93.

geeignet war, den irrationalen Anteil, das „Seelische" der geforderten Erziehung auszudrücken. Kriecks Theorie ging von einer Ganzheitlichkeit der Lebenszusammenhänge aus. Das Volk und die einzelnen Menschen des Volkes hingen zudem organisch zusammen. Dabei sollte die Volksgemeinschaft als der „Organismus" das Ziel und den Sinn für die Individuen als die einzelnen „Glieder des Organismus" darstellen. Dies könnte nur durch eine Erziehung zu einer Gemeinschaft geschehen, in welcher das einzelne „Glied" vor dem Ganzen zurückstehen muss.[53] *Bei dieser Gemeinschaftserziehung spielte für Krieck die musische Erziehung eine entscheidende Rolle. [...] Die musische Erziehung schien besonders geeignet, um das neue* [nationalsozialistische] *Erziehungsideal [...] zu verwirklichen.*[54]

Die „Musische Erziehung" stellte zudem nach Krieck die Voraussetzung für die Erziehung zur Wehrhaftigkeit und zum „soldatischen Geist" in den Jugendorganisationen der Partei, der Reichswehr, der SS oder SA dar:

> *Aus der wehrhaften Übung allein kann der soldatische Geist nicht erwachsen: Wehhaftigkeit vollendet sich erst im Seelischen, in Haltung und Ethos, in Ehre, Hingebung und Gefolgschaftstreue. Dahin führt aber zusammen mit der leiblichen Übung erst die Musische Erziehung durch die Formgewalt der rhythmischen Künste.*[55]

Günther weist darauf hin, dass die „Musische Erziehung" in Kriecks Sinne zu einer der Leitideen der NS-Pädagogik wurde. Auf ihrer Grundlage gestaltete man die Musikarbeit in den Jugendorganisationen der Partei und in der Schulmusikerziehung.[56] Als eines der wichtigsten Mittel der Musik wurde die Ausgestaltung von nationalsozialistischen Feiern angesehen[57], welche später näher thematisiert werden.

Günther hält fest, dass die „Musische Erziehung" im „Dritten Reich" jedoch lediglich als Hilfsmittel weltanschaulicher Schulung betrachtet wurde. Der Anteil der Musik an der „Musischen Erziehung" war auf die Wehrerziehung und

---

[53] Vgl. Krieck, Ernst: *Nationalpolitische Erziehung (hier: 23/1939. S. 89 ff.) In:* Günther 1992, S. 34.
[54] Günther, Ulrich: *Die Schulmusikerziehung von der Kestenberg-Reform bis zum Ende des Dritten Reiches.* Augsburg 1992, S. 34 f.
[55] Krieck, Ernst: *Musische Erziehung.* In: *Geschichte der Musikpädagogik – Handbuch der Musikpädagogik (Band 1),* hrsg. von Hans-Christian Schmidt. Kassel 1986, S. 93.
[56] Günther, Ulrich: *Musikerziehung im Dritten Reich – Ursachen und Folgen.* In: *Geschichte der Musikpädagogik: Handbuch der Musikpädagogik (Band 1),* hrsg. von Hans-Christian Schmidt. Kassel 1986, S. 93 f.
[57] Vgl. Günther 1992, S. 38.

Erziehung zum folgsamen Nationalsozialisten begrenzt.[58] Sturm, einer der führenden NS-Pädagogen, formuliert den Zweck des Einsatzes von Musik folgendermaßen:

> *Musik formt im Verein mit der Gymnastik den politischen Soldaten […]. Sie pflanzt in das Gemüt das nordische Wertsystem der Ehre und Treue, der Hingebung und der Opferbereitschaft. […] Nicht jederlei Musik ist für die Erziehung Großdeutschlands geeignet. […] heute steht auch vor uns die Aufgabe, durch eine für die Erziehung zum kämpferischen Mann und zur opferbereiten Frau geeigneten Musik auf die Jugend zu wirken.*[59]

Hier wird eine Vorstellung offensichtlich, die von einer geradlinigen Zuordnung von Ursache und Wirkung ausgeht. Sturm glaubt, dass durch eine geeignete Musikauswahl Haltungen und Verhaltensweisen eines Menschen direkt und auf gleiche Weise erzeugt werden können. Die Wirkung der Musik auf beeinflussende Faktoren wie beispielsweise die Persönlichkeit und Hörerfahrung eines Menschen bleiben unberücksichtigt. Ob die Musik in den Erziehungsinstitutionen Schule und Hitlerjugend tatsächlich gemäß der NS-ideologischen Erziehungsziele ausgewählt und umgesetzt wurde sowie der reale Wirkungsgrad der Musik auf die Kinder und Jugendlichen ist den einzelnen NS-Pamphleten nicht entnehmbar. Diese Fragen sollen in Bezug auf die Hitlerjugend in den nächsten Kapiteln geklärt werden.

Aus seiner Theorie der linearen Wirksamkeit von Musik zieht Sturm die Schlussfolgerung, *dass die Werke der Musik im engeren Sinne die führende Stellung in unserem gesamten Erziehungswesen zurückerhalten müssen, die sie unter der Herrschaft des Intellektualismus eingebüßt haben. Zu diesem Zweck sind sie der musischen Erziehung einzugliedern. Musik soll unser Leben mit aufbauen und allewege begleiten […], begrenzen und bändigen.*[60]

Es wird in diesem Abschnitt suggeriert, dass ein Bedeutungszuwachs des Faches Musik auf dem Gebiet der Erziehung von den Nationalsozialisten angestrebt wird, womit die Mehrzahl der Musikpädagogen im „Dritten Reich" vermutlich einverstanden war. Dass es den Nationalsozialisten jedoch nicht um eine Aufwertung der Musik um ihrer selbst willen ging, kann der Äußerung Stummes,

---

[58] Vgl. Günther 1992, S. 38.
[59] Sturm, Karl-Friedrich: *Deutsche Erziehung im Werden. Von der pädagogischen Reformbewegung zur völkischen und politischen Erziehung.* Berlin 1942, S. 143.
[60] Sturm 1942, S. 143.

welcher ab 1935 die Musikabteilung im Hauptkulturamt der Reichsjugendführung leitete,[61] entnommen werden.

Musische Erziehung ist heute nationalsozialistische Erziehung. Es gilt zu verhindern, dass sich diese Formulierungen jemals gegenüberstehen. Es sei vor einem Missbrauch des Begriffs der musischen Erziehung gewarnt, der in seinem Ursinn jene ausgeglichene und hochwertige Körper-, Geist- und Seele-Erziehung bedeutet und nicht die Angelegenheit einer musikalischen Erziehung darstellt, in der es um Lehrplan und Methode geht.[62]

In diesem Zitat wird deutlich, wie unpräzise die Vorstellungen von einer „Musischen" bzw. „Nationalsozialistischen Erziehung" waren. Der Begriff „Musische Erziehung" wird dem Begriff der „Nationalsozialistischen Erziehung" als gleichbedeutend zugeordnet. *Einfach, elementar, volkhaft, volkstümlich, deutsch galten als Synonyme für musisch.[63]* Wie bereits in Abschnitt 3.1 gezeigt, sind diese Begriffe begrifflich schwer fassbar. Dasselbe gilt für „musisch".

Bei einer unklaren Begriffsdefinition taucht das Problem der vielseitigen Auslegungsmöglichkeiten des Begriffes auf. Stumme warnte vor einem Missbrauch des Erziehungsbegriffs. Dies kann ein Indiz dafür sein, dass Stumme selbst die Erkenntnis und die gerechtfertigte Befürchtung hatte, dass eine Auslegung seiner Vorstellungen zur „Musischen Erziehung" nicht unbedingt seinem eigenen Verständnis von derselben entsprechen könnte. Statt konkret zu werden umschreibt Stumme jedoch nur den „Ursinn" der „Musischen Erziehung" als „jene ausgeglichene und hochwertige Körper-, Geist- und Seele-Erziehung" und verneint eine rein fachliche musikalische Musikerziehung, in der seine Inhalte (des Lehrplans) und Methodik an erster Stelle stehen.

Auch hier wird deutlich, dass ein einheitliches Erziehungskonzept nicht vorhanden war. Somit existierte auch keine allgemeingültige nationalsozialistische Didaktik, die aus der Weltanschauung abgeleitet wurde.[64] Es ist zu vermuten, dass dies auch im Speziellen auf die Musikerziehung zutrifft. Indizien für ein fehlendes Konzept im Bereich der Musikpädagogik sind unter anderem in Publikationen oder mündlichen Stellungnahmen von führenden

---

[61] Vgl. Prieberg, Fred K.: *Musik im NS-Staat.* Frankfurt am Main 1982, S. 250.

[62] Stumme, Wolfgang: *Völkische Musikerziehung IV,* hrsg. im Auftrag des REM und des NSLB von E. Bieder. Braunschweig 1938, S. 145.

[63] Vgl. Günther: *Die Schulmusikerziehung,* S. 150.

[64] Vgl. Götz, Margarete: *Die Grundschule in der Zeit des Nationalsozialismus: eine Untersuchung der inneren Ausgestaltung der vier unteren Jahrgänge der Volksschule auf der Grundlage amtlicher Maßnahmen.* Bad Heilbrunn 1997, S. 14.

Persönlichkeiten des NS-Regimes zu dem Thema der Musikerziehung zu finden. Werden zwar die Ziele klar umrissen, fehlt aber eine Konkretisierung der geplanten Umsetzung dieser Ziele oder bestehen verschiedene Auffassungen der Umsetzung, so kann dies als Zeichen dafür gewertet werden, dass kein einheitliches Konzept bezüglich der Musikerziehung bestand.

Die Umschreibung von Ansichten in Bezug auf die NS-Pädagogik und Musikerziehung geschieht entweder durch das Berufen auf gefühlsmäßig und irrational oder intuitiv verankerte Begriffe oder durch ein Ausschließen von nicht gewünschten Auffassungen, wie es beispielsweise in dem Zitat Stummes ersichtlich wird. Durch diese Ungenauigkeit entsteht die Möglichkeit für verschiedene Auslegungen und unterschiedliche Schwerpunktsetzungen in der allgemeinen NS-Pädagogik und speziell in der Musikerziehung. Welche Auswirkungen dies auf das musikpädagogische Handeln und den Einsatz von Musik insbesondere in der Erziehungsinstitution der Hitlerjugend hatte, wird in Kapitel fünf thematisiert werden.

4 Musik und Politik im „Dritten Reich"

4.1 Funktionaler Einsatz von Musik im Nationalsozialismus

Musik hat auf den Menschen je nach Art der Musik und Situation eine unterschiedliche Wirkung. Haisch, welcher den Versuch unternimmt Musik psychoanalytisch zu deuten, fasst den Unterschied zwischen Musik und Sprache ihren Einfluss auf den Menschen treffend zusammen.

> *Die Musik begreift weiterreichende und subtilere Bezirke als das gesprochene Wort. Der offenkundige Mangel an Genauigkeit der Tonsprache erklärt sich teils aus ihrer außerordentlichen Generalität, die bis an das Wort heranreicht, teils daraus, dass die affektiven Besetzungen von verdrängten Vorstellungsinhalten leicht auf nichtsprachliche, einfach-klangliche Träger verlagert werden.*[65]

Besonders in schwierigen Situationen suchen Menschen nach Auswegen und Gelegenheiten, die ihnen ihre Probleme im Alltag erträglicher machen. Freud stellte 1930 fest, dass Menschen hierfür drei Möglichkeiten besitzen: Linderung von Problemen, Enttäuschungen oder Schmerzen kann durch Ablenkungen, Ersatzbefriedigungen oder Rauschmittel geschehen, da die Einschätzung einer

---

[65] Erich Haisch: *Über musikalische Testverfahren (Schweizer Archiv für Neurologie und Psychiatrie, Band 75 Heft 1 / 2, Zürich 1955, S. 67-68). In: Musik und Macht,* von Fred Prieberg. Frankfurt am Main 1991, S. 87.

schwierigen Lage bei Ablenkung positiver ausfällt, der Schmerz und die Probleme durch Ersatzbefriedigungen gemindert werden und Rauschmittel sogar dazu führen, dass diese gar nicht erst empfunden bzw. wahrgenommen werden.[66] *Die Ersatzbefriedigungen, wie die Kunst sie bietet, sind gegen die Realität Illusionen, darum nicht minder psychisch wirksam dank der Rolle, die die Phantasie im Seelenleben behauptet hat.*[67] Prieberg greift Freuds These auf und liefert eine treffende Begründung für diese Art der Nutzung von Musik, die allgemein in autoritären Gemeinwesen und speziell im „Dritten Reich" wiederzufinden ist: Das Ziel eines autoritären Regimes ist die „Kollektivierung" des Volkes. Diese wird erreicht, indem das Volkes „unter Musik gesetzt" und so über die Realität des Alltages im NS-Staat hinweggetäuscht wird.[68]

4.1.1 Hitlers Propagandatheorie der Massenpsychologie

Man kann davon ausgehen, dass sich Hitler bei seiner Propagandakonzeption auf die Theorie der „Massenspychologie", die in den 1890er Jahren von Le Bon formuliert wurde, berief.

Le Bon zählt als Hauptmerkmale des Einzelnen in der Masse das Schwinden der bewussten Persönlichkeit, die Vorherrschaft des unbewussten Wesens, die Leitung der Gedanken und Gefühle durch Beeinflussung und Übertragung in der gleichen Richtung und die Neigung zur unverzüglichen Verwirklichung der eingeflößten Ideen auf. *Der einzelne ist nicht mehr er selbst, er ist ein Automat geworden, dessen Betrieb sein Wille nicht mehr in der Gewalt hat.*[69] Somit sei der Mensch in einer Masse nicht mehr in der Lage rational zu denken und reagiere auf Sachargumente nur verhalten, während visuelle Reize und griffige Parolen umso stärker aufgenommen würden. Hitler leitet seine Propagandatechnik aus dem vorgeblichen Verhalten der Masse ab:

> *Die Aufnahmefähigkeit der großen Masse ist nur sehr beschränkt, das Verständnis klein, dafür jedoch die Vergesslichkeit groß. Aus dieser Tatsache heraus hat sich jede wirkungsvolle Propaganda auf nur wenige Punkte zu beschränken und diese schlagwortartig solange auszuwerten, bis auch bestimmt der letzte unter einem solchem Worte das Gewollte sich vorzustellen vermag.*[70]

---

[66] Vgl. Freud, Siegmund: *Das Unbehagen in der Kultur*. Wien 1930, S. 22.
[67] Ebd.
[68] Vgl. Prieberg 1982, S. 242.
[69] Le Bon, Gustav: *Psychologie der Massen (übersetzt von Rudolf Eisler 1911)*. o.O. 2007, S. 38.
[70] Zitat aus: Hitler, Adolf: *Mein Kampf. 291. Auflage*. München 1938, S. 198. (Dieses fand sich in einem Quellensammlung zu einem Pädagogikseminar)

Der Musik schrieb Hitler die Eigenschaften zu, Emotionen und Stimmungen anzusprechen, entstehen zu lassen oder ihnen Ausdruck zu verleihen. Er trennte in seiner Kulturrede 1938 die Äußerung durch Musik klar von der sprachlichen Äußerung. Während über rational Erfassbares gesprochen werde, offenbare sich *eine sprachlich schwer zu schildernde Welt von Gefühlen und Stimmungen [...] durch die Musik. Sie kann daher bestehen ohne jede sprachliche Deutung und sie kann natürlich umgekehrt mithelfen, den Eindruck einer bestimmten sprachlichen Fixierung gefühlsmäßig durch ihre Begleitung zu vertiefen. [...] Das Ingenium des großen Künstlers wird dann immer noch über die reine Handlung hinaus eine zusätzliche, nur durch Musik erreichbare Gesamtstimmung und Wirkung geben.*[71] Die Musik verliert damit ihre Eigenständigkeit. Sie wird zur bloßen Begleiterin einer Handlung oder eines Ereignisses degradiert. Hitler betrachtete Musik somit nicht als absolute Musik, sondern stets im Kontext mit einer gewissen Handlung oder Gesamtstimmung, welche die Musik zu erzeugen und wiederzugeben hatte. Insbesondere bei Massenveranstaltungen und Aufmärschen war die richtige Hintergrundmusik von großer Bedeutung, um die richtige Atmosphäre herzustellen und so die Beteiligten und Zuhörer in den Bann zu ziehen. So berichtet Melita Maschmann über ihre Faszination, die der Aufmarsch am 30.1.1933 anlässlich der Machtübernahme der Nationalsozialisten auf sie ausübte.

Etwas Unheimliches ist mir von dieser Nacht her gegenwärtig geblieben. Das Hämmern der Schritte, die düstere Feierlichkeit roter und schwarzer Fahnen, zuckender Widerschein der Fackeln auf den Gesichtern und Lieder, deren Melodien aufpeitschend und sentimental zugleich klangen. [...] Und ich brannte doch darauf, mich in diesen Strom zu werfen, in ihm unterzugehen und mitgetragen zu werden.[72]

Sie schreibt, dass sie bei diesem Aufmarsch emotional mitgerissen wurde und dadurch der Wunsch entstand, die eigene Individualität in den Hintergrund treten zu lassen und von der Masse aufgenommen zu werden. Bei Maschmann scheint Hitlers Propagandatechnik der psychologischen Masseninszenierung, wie von Hitler beabsichtigt, gewirkt zu haben. In dem Moment des Aufmarsches werden

---

[71] Hitler, Adolf: *zitiert aus der typographischen Fassung aus: „Der Parteitag. Großdeutschland. Vom 5. bis 12. September 1938. Offizieller Bericht über den Verlauf des Reichsparteitages mit sämtlichen Kongressreden. (München 1938, S. 83 ff.) In: Hitler in der Oper – Deutsches Musikleben 1919 – 1945,* von Michael Walter. Stuttgart 1995, S. 195 - 197.
[72] Maschmann, S. 8 - 9.

ihre Gefühle und Gedanken in die Richtung beeinflusst, dass sie an der „Bewegung" teilhaben möchte. Dieser Wunsch entsteht nicht aufgrund reifer rationaler Überlegungen, sondern aufgrund emotionaler Überwältigung und als irrational einzuordnende Gedankengänge. Das Zusammenwirken von Musik, in Form von zündenden Liedern und der Inszenierung des Aufmarsches durch die Lichtverhältnisse, die im Kontrast zu den hellen Fackeln standen, wirkt das Erlebnis umso erhabener und feierlicher auf Maschmann.

Hitlers Theorie berücksichtigt nicht, dass solch ein Ereignis nicht von jedem Teilnehmer so erlebt worden sein muss. Die Langzeitwirkung, die Hitler Aufmärschen und Kundgebungen in der Masse zusprach, sollte zudem stark bezweifelt werden. Zwar blieben erregende Massenerfahrungen wahrscheinlich über längere Zeit positiv in Erinnerung, doch lassen sich die zu dem Zeitpunkt gemachten Erregungszustände nicht konservieren. Zusätzlich wiesen alltägliche Probleme auf die Realität hin. Auch sind der Grad und die Dauer des „Rausches" abhängig von der jeweiligen Situation und der persönlichen Einstellung gegenüber dem Ereignis. Beispielsweise äußerte sich Maschmann zu späterer Zeit eher negativ und gelangweilt über Aufmärsche und Auftritte Hitlers:

> *Für Aufmärsche oder Spalierstehen* […] *hatte ich nicht viel übrig. Nachdem ich mich dabei zwei- oder dreimal gelangweilt hatte, drückte ich mich vor diesem Dienst. Freilich habe ich ihn* [Hitler] *einigemal auf Jugendkundgebungen sprechen hören, unter anderm* [!] *beim Reichsparteitag 1938 in Nürnberg. Ich war dabei immer so beschäftigt mit meiner Pressearbeit, dass ich mir die „Ausschweifung" einer ekstatischen Hingerissenheit nicht erlauben konnte. Es ist mir auch keine einzelne dieser Begegnungen als besonders eindrucksvoll in Erinnerung geblieben.*[73]

Von der Faszination, die in der ersten Nacht der Aufmarsch auf sie ausübte, scheint nicht mehr viel übrig geblieben zu sein. Stattdessen langweilt sie sich und sieht die Aufmärsche als Pflicht an, vor der es sich zu drücken gilt. Auch das Massenereignis in Nürnberg hatte keinerlei mitreißende Wirkung auf Maschmann, was sie jedoch damit begründet, dass sie sich bewusst dagegen wehrt, dass die Stimmung und Atmosphäre der Veranstaltung sie in den Bann zieht und so von ihrer Aufgabe ablenkt. Ein Verlass auf die Wirksamkeit der massenpsychologischen Propagandainszenierung scheint zumindest auf die Person Maschmann nicht gegeben sein. Dies ist umso erstaunlicher, wenn man

---

[73] Maschmann, S. 8-9.

sich klarmacht, dass Maschmann zu dem Zeitpunkt ihrer zweiten Aussage über Aufmärsche weitaus besser in das nationalsozialistische System integriert war als am 30.1.1933. Auch hatte sich ihre nationalsozialistische Überzeugung weiter gefestigt und wird in einer aktiven und sehr gläubigen Teilnahme an der Verbreitung der NS-Ideologie ersichtlich. Da sie jedoch den Masseninszenierungen nun eher negativ gegenüber steht, kann ihre Überzeugung und ihre Unterstützung nicht auf den Einsatz von massenpsychologischer Propagandatechnik im Sinne Hitlers zurückgeführt werden. Auch Carola Stern, die ebenso wie Maschmann in der Hitlerjugend aktiv war und keine Zweifel an dem NS-Regime hegte, verspürte keine Begeisterung, wenn sie durch direkte Propaganda über Reden Hitlers beeinflusst werden sollte. *Den Führer zu sehen oder im Radio zu hören, ernüchterte mich eher.*[74] Andere Kinder und Jugendlichen mögen ebenso empfunden haben. Somit muss es andere Faktoren gegeben haben, welche einen größeren Einfluss auf die Vereinnahmung der Kinder durch die NS-Ideologie genommen haben, auf welche später noch eingegangen wird. Welche Rolle dabei der Musik zugerechnet werden muss, wird noch zu klären sein.

4.1.2 Subtiler Einsatz von Propaganda als Prinzip des Propagandaministers

Goebbels, der als Minister des Reichspropagandaministeriums für die Umsetzung und Verbreitung der NS-Propaganda verantwortlich war und maßgeblichen Einfluss auf die Kultur- und Medienlandschaft besaß, war sich dieser Wirkung, die Musik auf das Volk haben konnte, bewusst. Er hatte erkannt, dass Zufriedenheit des Volkes stärker zur Sicherung des NS-Regimes beitragen konnte als eine ausschließlich gewaltsame Unterdrückung von politischen „Unzuverlässigen" oder Gegnern.[75] [Die Regierung] *muss [...] alle propagandistischen Vorbereitungen treffen, um das ganze Volk auf ihre Seite zu ziehen. Wenn diese Regierung entschlossen ist, niemals zu weichen, [...] dann braucht sie sich nicht der toten Macht der Bajonette zu bedienen [...].*[76] Inhalte und Zielsetzungen der nationalsozialistischen Regierung dürften nicht bloß sachlich dem Volk vorgetragen werden, sondern müssten so präsentiert werden,

---

[74] Stern, Carola: *Doppelleben*. Reinbek bei Hamburg 2004, S. 30.
[75] Vgl. Koch, Hans-Jörg: Das Wunschkonzert im Radio. Köln 2003, S. 336-337.
[76] Goebbels, Joseph: *Vor der Presse über die Errichtung des Reichspropagandaministeriums, 15.3.1933. In: Die Zeit des Nationalsozialismus – Eine Buchreihe [Dok. 60]*, hrsg. von Walter H. Pehle, Frankfurt am Main 1993. S. 78.

dass sie der Zustimmung in der Bevölkerung sicher sein können und begründet so die Schaffung und Wichtigkeit des neuen Ministeriums: *Wir* [Nationalsozialisten] *können uns nicht damit begnügen, dem Volke zu sagen, was wir wollen, und Aufklärung darüber geben, wie wir es machen. Wir müssen dieser Aufklärung vielmehr eine aktive Regierungspropaganda zur Seite stellen, eine Propaganda, die darauf hinzielt, Menschen zu gewinnen.*[77] Der Kunst, insbesondere der Musik, maß er für die Umsetzung seines Vorhabens, das Volk im Sinne der Nationalsozialisten zu vereinnahmen, die wesentliche Rolle zu. Bussemer zeigt auf, dass Goebbels Propagandatheorie mit Hitlers Einstellung zur Propagandaverbreitung nicht gleichzusetzen ist. So benutzte Goebbels *die vielfältigen massenpsychologischen Zitate aus „Mein Kampf"* [...] *auch deswegen fortwährend, um zu kaschieren, dass er eine andere Propagandakonzeption als Hitler vertrat.* [...] *Diese waren um einiges komplexer als Hitlers simple massenpsychologischen Postulate und liefen auf eine umfassende Theorie sozialer Kontrolle hinaus.*[78] Anstelle von Großkundgebungen und Massenaufmärschen bevorzugte Goebbels eher die subtile Art der Beeinflussung, wobei er auch den Einsatz der massenpsychologischen Propagandatechniken Hitlers absolut beherrschte. *Der Propagandaminister glaubte nicht an die Existenz eines kollektiven Massenrausches und sicherte die Wirkung seiner Propaganda routiniert durch Gewaltandrohungen und andere Restriktionen ab.*[79] Dabei stellte Goebbels fest, dass Propaganda am wirksamsten sei, wenn sie vom Adressaten unbemerkt bliebe.[80]

> *Es ist im allgemeinen* [!] *ein wesentliches Charakteristikum der Wirksamkeit, das niemals als gewollt in Erscheinung tritt. In dem Augenblick, da eine Propaganda bewusst wird, wird sie unwirksam. Mit dem Augenblick aber, in dem sie als Propaganda, als Tendenz, als Charakter, als Haltung im Hintergrund bleibt und nur durch Handlung, durch Ablauf, durch Vorgänge, durch Kontrastierung von Menschen in Erscheinung tritt, wird sie in jeder Hinsicht wirksam.*[81]

---

[77] Ebd., S. 78 f.
[78] Bussemer, Thymian: *Über Propaganda zu diskutieren, hat wenig Zweck" – Zur Medien- und Propagandapolitik von Joseph Goebbels.* In: *Das Goebbels-Experiment*, hrsg. von Lutz Hachmeister und Michael Kloft. München 2005, S. 50.
[79] Ebd., S. 51.
[80] Vgl. von Bilavsky, Jörg: *Joseph Goebbels.* Hamburg 2009, S. 73.
[81] Goebbels, Joseph: *Rede bei der ersten Jahrestagung der Reichsfilmkammer am 5.3.1937 in der Krolloper, Berlin.* In: *Jahrbuch der Reichsfilmkammer 1937*, Berlin 1937, S. 75.

Diese grundsätzlichen Überlegungen führten Goebbels dazu, allzu offensichtliche ideologische Botschaften aus seiner Propaganda zu entfernen. Aus diesem Grund versuchte man in der NS-Unterhaltungskultur, für welche Goebbels verantwortlich war, vorwiegend keine direkt ersichtlichen ideologischen Inhalte zu vermitteln, sondern über die bloße Unterhaltung des Publikums andere entscheidendere Dinge zu erreichen. Dies ist besonders deutlich an dem Medium im Rundfunk, welchem Goebbels eine große Bedeutung zumaß, zu erkennen. So wurden im Rundfunk offiziell eher abgelehnte Schlager und andere beim Publikum beliebte Musikstücke gesendet, statt politische Beiträge oder ideologisch als „wertvoll" eingestufte Musik zu senden.[82] Die Art der gesendeten Unterhaltungsmusik hatte beispielsweise im Krieg eine von Goebbels als kriegswichtig eingestufte Funktion: Sie sollte unter anderem die Bevölkerung aufheitern und von ihren Problemen ablenken.[83] Die oben genannten Funktionen, die Freude der Musik bei der Bewältigung eines schweren Alltags zuspricht, wusste Goebbels sich geschickt zunutze zu machen. *Die geistige und kulturelle Betreuung des Volkes wird bei längerer Dauer des Krieges immer kriegswichtiger [...]. Unser Volk bei guter Laune zu halten, das ist auch kriegswichtig.*[84]

4.1.3 Das Zusammenwirken von Musik und NS-Ideologie zur Schaffung einer „Gesinnungsgemeinschaft"

Kater bringt die erwartete Wirkung der Musik mit NS-Regierungsabsichten und dem Volk in einen Zusammenhang:

> *Musik wurde als ein Mittel angesehen, um den Bund zwischen den Regierenden und ihrem Volk zu zementieren. Wie [...] Goebbels schon lange vorher herausgefunden hatte, besaß die Musik ein enormes propagandistisches Potential, durch das die kollektive Stimmung der Untertanen unter Kontrolle gehalten werden konnte; sie konnte auch wichtige zusätzliche Stimulationen für die Darstellung in der Öffentlichkeit geben und als Vehikel für verschiedene Botschaften und Parolen des Regimes dienen.*[85]

In diesem Zitat wird die manipulative Gefahr, die scheinbar von der Musik ausging, hervorgehoben. Ob die Musik wirklich allein eine so große propagandistische Wirkung auf das Volk ausüben konnte, wie Kater hervorhebt, bezweifelt Walter. Vielmehr stehe die Wirkung der Propagandaverbreitung in

---

[82] Vgl. Koch 2003, S. 62 - 63, S. 127 - 128, S. 139, S. 341.
[83] Vgl. Bussemer 2005, S. 55.
[84] Goebbels, Joseph: *Tagebuch vom 26.2.1942.* In: Bussemer 2005, S. 54.
[85] Kater, Michael H.: *Die mißbrauchte Muse: Musiker im Dritten Reich.* München 1998, S. 251.

Wechselwirkung mit der Komposition von Disposition der Menschen und Art der Manipulation. Dies werde anhand des „Propagandaschlagers" und Windts Musik zu dem Olympiafilm von Riefenstahl deutlich.[86]

Dass der Musik vom NS-Regime für die Umsetzung ihrer „Erziehungsziele" eine gewichtige Rolle zugedacht war, wird in vielen nationalsozialistischen Publikationen, Reden von führenden NS-Politikern und weiteren Quellen deutlich. Der Musik wurde die Fähigkeit zugesprochen das Gemeinschaftsgefühl zum Ausdruck zu bringen oder zu erzeugen. Musik sollte zudem im Dienste des Staates stehen. Hierbei berief man sich auf die alten Griechen, bei denen Kunst gezielt für die Schaffung einer Gemeinschaft des Volkes genutzt worden war.

> *Überall, wo eine innere Geschlossenheit herrscht, ist die Musik fest in das Staatswesen eingegliedert und wird als Ausdruck der volksgebundenen Seele als geistiger Träger des Staates und der Volksgemeinschaft gewertet. Deshalb wird sie gefördert, gepflegt und als Volksgut von fremden Einflüssen geschützt. [...]. Dann hat auch die Musik die Stellung in deutschem Leben wiedergewonnen, die sie in früheren Jahrhunderten schon hatte und kann das Leben durchdringen, wie einst dem alten Griechen seine Musik nicht l`art pour l`art bedeutet hat, sondern Kunst der Gemeinschaft – Ethos politikon.[87]*

Musik sollte somit gezielt funktional vom Staat genutzt werden und *geistige Grundlage und Möglichkeit seiner Darstellung werden.*[88] Sie hatte, ebenso wie die Musiker, nach Fellerer nicht mehr länger neutral zu sein. Stattdessen sollte sie *national unterscheidbar, volksnah und ideologisch verwendbar werden.*[89] Rathkolb weist auf die eigentlichen Intentionen hin, die sich hinter einer solchen Musikpolitik verbergen. Durch einen gezielt funktionalen Einsatz der Musik beabsichtigten die Nationalsozialisten, *die deutsche „Volksgemeinschaft" nach innen als Kulturgemeinschaft zusammenzuschweißen, um, als Teil eines Kulturkampfes, die kriegerische Expansionspolitik ebenso zu rechtfertigen wie die Vertreibung, Verfolgung und letztlich Vernichtung des europäischen Judentums.*[90]

---

[86] Vgl. Walter 1995, S. 291-230.
[87] Fellerer, Karl Gustav: *Musik und Politik „Deutsche Tonkünstler-Zeitung"*, XXX/7.Mainz 1933, S. 103, 104.
[88] Gutknecht, Dieter: *Musik als „Ethos Politikon".* In: *Staat und Schönheit: Möglichkeiten und Perspektiven einer Staatskalokagathie* hrsg. von Otto Depenheuer. Köln 2005, S. 72.
[89] Ebd., S. 72.
[90] Rathkolb, Oliver: *Die „Wunderwaffe Musik" im NS-Regime.* In: *Das „Dritte Reich" und die Musik,* hrsg. von der Stiftung Schloss Neuhardenberg in Verbindung mit der Cité de la musique, (Paris). Berlin 2006, S. 142 f.

4.2 Unstimmigkeiten und Unklarheiten in der Musikpolitik

Weder bei Hitler oder Goebbels, noch bei anderen NS-Größen oder in anderen NS-Publikationen finden sich fest umrissene Anmerkungen und Anhaltspunkte für die konkrete Ausgestaltung von Musik. Gefordert wurde eine das Gemüt ansprechende und nicht verstandesmäßige, durchdachte oder theoretisch gestaltete Musik.

Nicht der intellektuelle Verstand hat bei unseren Musikern Pate zu stehen, sondern ein überquellendes musikalisches Gemüt. [...] Eines soll man grundsätzlich nie außer acht [!] *lassen, jede wahre Kunst muss ihren Werken den Stempel des Schönen aufprägen. Denn das Ideal für uns alle hat in der Pflege des Gesunden zu liegen. Alles Gesunde aber allein ist richtig und natürlich, alles Richtige und Natürliche ist damit schön.*[91]

Hitlers Forderung nach „gesunder", „richtiger", „natürlicher" und „schöner" Musik lässt den Wunsch nach wohlklingender Musik vermuten. Eine objektive und eindeutige Einordnung von Musik, die unabhängig vom Betrachter gefällt wird, ist nach diesen Kriterien somit nicht möglich. Das Urteil darüber, ob ein Stück „schön" oder „nicht schön" klingt, wird je nach subjektiver Musikpräferenz und persönlicher Hörerfahrung unterschiedlich ausfallen.

Offiziell von den NS-Ideologen abgelehnte Musik wurde von den Nationalsozialisten als „entartet" bezeichnet. Darunter fiel Musik von Komponisten mit jüdischer Herkunft, mit antinationalsozialistischer politischer Gesinnung oder Vertreter der „Neuen Musik", aber auch die Jazz-Musik und andere „schwarze" Musik aus Amerika.[92] Eisler[93] beschrieb 1935 treffend, warum die „Neue Musik" nicht in die Kategorie „schön" und „erwünscht" eingeordnet wurde:

Alles was man in der älteren Musik für schön und wirkungsvoll hält, ist in ihr [der „Neuen Musik"] *kaum anzutreffen. Die Melodien der modernen Musik sind schwer faßlich* [!], *[...] anstelle schöner Harmonien gibt es merkwürdige Zusammenklänge greller Art, der Rhythmus ist vielfältig und oft wechselnd. In der bürgerlichen Welt hat dieser moderne Musikstil einen großen Meinungsstreit*

---

[91] Hitler, Adolf: *In: Hitler in der Oper – Deutsches Musikleben 1919 – 1945 von Michael Walter.* Stuttgart 1995, S. 195 ff.

[92] Danuser, Hermann: *Die Musik des 20. Jahrhunderts. In: Neues Handbuch der Musikwissenschaft.* Bonn 1983, S. 206 f.

[93] Hanns Eisler wurde 1898 geboren und starb 1962. Er war ein Schüler Schönbergs und jüdischer Herkunft. Die Zeit des Nationalsozialismus verbrachte er im Exil. Eisler galt als Kritiker des NS-Regimes.

verursacht, denn er kommt der Bequemlichkeit und Genussfreude des bürgerlichen Hörers nur wenig entgegen. Ja, er wirkt sogar abstoßend. Nur eine kleine Schicht von Fachleuten und Intellektuellen finden ihn interessant.[94] Eisler liefert zugleich eine Antwort darauf, warum gerade den Nationalsozialisten die „Neue Musik" nicht zusagte: Sie wirkte abstoßend auf die Zuhörer und sprach die Zuhörer emotional nicht an. Dies widersprach der Intention des NS-Regimes, die Musik gezielt für ihre Zwecke einsetzen wollte. Musik, die abstieß, war für eine Beeinflussung des Volkes jedoch nicht geeignet. Der Deutung Eislers kann man nicht uneingeschränkt zustimmen. Besonders die Jugend, aber auch die Soldaten fühlten sich von der „amerikanischen" Musik positiv angesprochen. So wurde mit Beginn des Krieges die Musikpräferenz der Bevölkerung für diese Musik immer stärker im Rundfunkprogramm von Goebbels berücksichtigt, trotz des bestehenden Jazz-Verbots von 1935. Auf diese Weise wollte man unter anderem das Abhören von Feindsendern verhindern.[95]

Genaue Vorgaben für eine spezifisch nationalsozialistische Musik gab es im „Dritten Reich" nicht. Sie waren auch nicht beabsichtigt, da es aus Hitlers Sicht *gänzlich unmöglich* [ist], *eine Weltanschauung als Wissenschaft musikalisch zum Ausdruck zu bringen.* [...] *Es gibt daher weder eine musikalische Parteigeschichte, noch eine musikalische Weltanschauung, ebenso gibt es auch keine musikalische Illustrierung oder Deutung philosophischer Erkenntnisse. Dafür ist ausschließlich die Sprache da.*[96] Die Vermittlung der Inhalte der NS-Ideologie sollte somit ausschließlich über die Sprache geschehen, was aber nicht ausschließt, dass die Musik im „Dritten Reich" einer der wichtigen Überbringer der NS-Weltanschauung war.

Auch wenn im eigentlichen Sinne keine NS-Musik gefragt war, wurde mittels einiger Schlagworte versucht eine zu der NS-Ideologie nicht gegensätzliche Musik zu charakterisieren. Ein Merkmal, mit welchem gleichsam alles Erwünschte im „Dritten Reich" umschrieben wurde, galt auch als Forderung an die Musik: Sie hatte „deutsch" zu sein. Wie in allen anderen Bereichen war jedoch auch auf dem Gebiet der Musik keine eindeutige Definition dieses Begriffes vorhanden. Auch ein zweites Kriterium, welches die Musik erfüllen sollte,

---

[94] Eisler, Hanns: *Einiges über das Verhalten der Arbeitersänger und -musiker in Deutschland (1935). In: Musik und Politik. Schriften 1924- 1948.* Leipzig 1973, S. 254 f.
[95] Vgl. Brüninghaus 2010, S. 42 ff., S. 65 ff.
[96] Hitler, Adolf: In: *Hitler in der Oper,* S. 195-197.

nämlich „volksverbunden" zu sein sollte, war schwer fassbar.[97] Walter macht darauf aufmerksam, dass *diese Unklarheit* [...] *nicht das Spezifikum irgendeiner kulturpolitischen Fraktion der Nationalsozialisten, sondern ein Grunddilemma der Musikpolitik überhaupt* [war][98] und sich in zwei unterschiedlichen Musikpolitikbestrebungen zeigte. Auf der einen Seite stand Goebbels, welcher eine eher flexible Realpolitik bevorzugte, bei der die Zustimmung des Volkes im Vordergrund stand. Außerdem hatte der Propagandaminister sowohl die Innenpolitik als auch die Außenpolitik bei seiner Agitation als Politiker zu berücksichtigen.

Auf der anderen Seite gab es das „Amt Rosenberg", welches von dem Chefideologen der NSDAP Alfred Rosenberg geleitet wurde und für die Überwachung der gesamten weltanschaulichen und geistigen Schulung und Erziehung zuständig war. Hier standen inhaltlich ideologische Leitlinien in Bezug auf die Musikpolitik an erster Stelle. Dabei stellte sich die Auswahl der Kompositionen, welche nach Auffassung des „Amtes Rosenbergs" ideologisch vertretbar waren als schwierig heraus, was bei der unklaren Definition der erwünschten Merkmale zu erwarten war. Die starke Eingrenzung der „erlaubten" Kompositionen bedeutete eine Verengung für die Stückauswahl und berücksichtigte die Präferenzen des Volkes aus Goebbels Sicht nur unzureichend.[99] Somit war Uneinigkeit zwischen den beiden Ämtern vorprogrammiert.

Schon anhand dieser beiden gegensätzlichen Auffassungen von zwei NS-Politikern in führenden Positionen wird ersichtlich, dass es eine einheitliche und zentral gelenkte Musikpolitik kaum gegeben haben kann, was jedoch in einigen Publikationen scheinbar implizit angenommen wird. So kritisiert Walter, dass *nationalsozialistische Musikpolitik* [...] *überwiegend als ein intentional geschlossenes Ensemble zielgerichteter durch rigorose und eindeutige Ideologie festgelegter Maßnahmen betrachtet* [wird], *mit denen das deutsche Musikleben diktatorisch und zentral gelenkt wurde.*[100] Er bemängelt unter anderem das Vorgehen Kleins. Dieser zitiere aus seiner Sicht relativ unbedenklich Textstellen einzelner nationalsozialistischer Pamphlete, *um politische Lenkungsmaßnahmen*

---

[97] Vgl. Walter 1995, S. 230.
[98] Ebd., S. 230 f.
[99] Walter 1995, S. 230-231, S. 261-263.
[100] Ebd., S. 213.

zu belegen"[101]. Eine Einordnung der Einzeltexte in den kulturpolitischen Kontext sowie die Kenntnis darüber, dass es eben keine *„geschlossene und zielgerichtete Musikpolitik des nationalsozialistischen Regimes gegeben habe*[102], sind für Walter für eine richtige Beurteilung der einzelnen Texte unabdingbar. Walter führt aus diesem Grund auch die Gründe für Schwierigkeiten in der Führung des Musiklebens nicht ausschließlich auf *„Dummheit, Uniformiertheit, machtpolitische Intrigen etc. zurück* [!][103], sondern sieht sie in erster Linie als Ergebnis von *„einer Musikpolitik, deren Ziele [...] umstritten waren und unklar blieben, ja in der Regel nicht einmal ansatzweise ausformuliert, geschweige denn organisatorisch umsetzbar waren.*[104]

Die Unklarheiten hatten zudem zur Folge, dass häufig Freiräume für lokale Parteigrößen entstanden, in denen diese nach eigenem Ermessen entscheiden konnten. Somit kann man keineswegs von einer in sich stimmigen, ideologisch festgelegten Musikpolitik sprechen.[105] Diese Erkenntnis sollte auch auf die Bewertung der Quellen zur Musikerziehung im „Dritten Reich" berücksichtigt werden.

4.3 Gründe für die Vereinnahmung der Musikerziehung durch die Nationalsozialisten

Die Mehrzahl der Musiker und Musikerzieher stellte ihr Wirken in den Dienst der Nationalsozialisten. Es verwundert, warum den nationalsozialistischen Zielen kaum Widerstand oder zumindest Distanz entgegengebracht wurde, obwohl diese eine freie Kunst und die Umsetzung von den humanistischen Absichten der Bildung nicht zuließen. Die Vorstellungen von einer unabhängigen und absoluten Musik, die als typisch für die deutsche Aufklärung galt[106], schien an Gültigkeit verloren zu haben. Die Ursachen und Motive für dieses Verhalten in der Musikerziehung sollen in diesem Kapitel analysiert werden, wobei die Einbeziehung des historischen Kontextes der Musikpädagogik unerlässlich ist.

Ein Erklärungsansatz könnten die Zwangsmaßnahmen und die Unterdrückung gegenüber Musikern und Musikerziehern bieten. Zum einen überwachten die

---

[101] Ebd.
[102] Walter 1995, S. 213.
[103] Ebd.
[104] Ebd.
[105] Vgl. Ebd., S. 262.
[106] Vgl. Sulzer, Georg: *Allgemeine Theorie der schönen Künste*. Kiel 1777.

Nationalsozialisten das Bildungswesen, zum anderen jedoch auch die Kultur. Lefebvre zieht hieraus die Schlussfolgerung, dass die Musikerziehung somit zugleich auf zwei Ebenen von politischer Kontrolle betroffen war.[107]

Um die Erziehungspolitik zu überwachen, gründeten die Nationalsozialisten einerseits das Reichserziehungsministerium, welches für die Kontrolle der Schulpolitik der Länder zuständig war. Von den Schulen wurde eine Vermittlung der Grundlagen des Nationalsozialismus verlangt.[108] Andererseits gab es die Reichsjugendführung mit ihrem Kulturamt, die ab 1936 zum Kultur- und Rundfunkamt wird, welche für den Einsatz der Musik in der Hitlerjugend verantwortlich war. Wolfgang Stumme leitete den Bereich der Musik in der RJF.[109]

Der gesamte Musikbereich wurde gleichgeschaltet, um die jüdischen Künstler von der Teilnahme an der deutschen Kultur auszuschließen und eine Übersicht über die im Musikbereich Aktiven zu gewinnen. Jeder nichtjüdische Musiker musste sich in der Reichsmusikkammer, die zunächst von Richard Strauss und ab 1935 von Peter Raabe geleitet wurde, registrieren lassen. Musiker besaßen kein Auftrittsrecht, Musiklehrer durften weder staatlich noch privat unterrichten, falls sie nicht registriert waren. Mit der Übernahme der Leitung durch Raabe wird der Antisemitismus offiziell durch die Reichsmusikkammer unterstützt. Zunächst ist es jüdischen Musiklehrern noch erlaubt jüdische Kinder zu unterrichten, später ist auch dies verboten.[110]

Die Zwangsmaßnahmen und Gleichschaltungsprozesse können jedoch keine vollständige Erklärung für die Vereinnahmung im musikpädagogischen Sektor geben. Lefebvre weist zu Recht darauf hin, dass auch entscheidend ist, *welche Rolle die Musikerziehung für das Nazi-Regime spielte und wie leicht sich das Bestehende* [!] *an das „Dritte Reich" anpassen ließ.*[111]

Die Reichmusikkammer war eine Untergliederung innerhalb von Goebbels Reichskulturkammer. Somit hatte Goebbels die Möglichkeit auf die Musikpolitik maßgeblich Einfluss zu nehmen. Schon kurz nach der Machtübernahme machte der Propagandaminister deutlich, dass das NS-Regime von den Künstlern eine

---

[107] Vgl. Lefebvre 2006, S. 112 – 113.
[108] Vgl. Ebd., S. 113.
[109] Vgl. Ebd.
[110] Vgl. Ebd., S. 116.
[111] Ebd., S. 114.

aktive Mitarbeit in ihrem Sinne verlange. Enthaltsamkeit und Neutralität eines Künstlers in Bezug auf die NS-Politik seien unmöglich und unerwünscht.

> *Wenn der Mensch [...] seine zentrale Stellung im öffentlichen Leben verliert und an seine Stelle die Gemeinsamkeit und das Volk tritt, dann wird die Kunst an diesem historischen Phänomen nicht vorübergehen können. Sie wird diese Gemeinschaft zum Ausdruck bringen müssen. [...] Wenn die Politik alles erschüttert und umwirft, alles neu baut, wenn nichts von ihr verschont bleibt, darf der Künstler nicht mitgehen noch hinterherlaufen, er muss die Fahne erfassen und voranschreiten.*[112]

Tatsächlich kamen viele Musiker dieser Forderung nach und stellten ihre Tätigkeit in den Dienst der Nationalsozialisten, wobei der Grad der Unterstützung des Regimes durch die Künstler zwischen entschlossener und überzeugter Mitarbeit und dem Versuch sich politisch zu enthalten schwankte.

Nach der Niederlage der Deutschen 1945 wurde eine politische Betätigung im „Dritten Reich" von der Überzahl abgestritten. Das Engagement auf dem kulturellen Gebiet galt für viele als unpolitische Tätigkeit. Insbesondere die Musik wurde als apolitischer und ideologiefreier Bereich hingestellt.[113]

Fraglich ist, ob die Menschen, die in führenden Positionen im kulturellen Sektor oder im Erziehungswesen tätig waren, den Missbrauch der Musik durch die Nazis nicht wahrgenommen haben, weil sie ihn nicht wahrnehmen wollten oder weil er tatsächlich nicht stattgefunden hat. Eine dritte Möglichkeit wäre, dass die Verbreitung der NS-Ideologie durch die Musik im „Dritten Reich" bemerkt und akzeptiert, womöglich sogar bewusst vorangetrieben wurde, jedoch nach 1945 jegliche Beteiligung am politischen Geschehen im „Dritten Reich" abgestritten wurde. Man war bestrebt, das eigene Handeln zwischen 1933 und 1945 als möglichst unpolitisch darzustellen, um in einem positiveren Licht zu erscheinen. Hier stellt sich die Frage, ob es überhaupt möglich war im „Dritten Reich" erfolgreicher Musiker oder Musikpädagoge zu sein, ohne gleichzeitig politisch gewirkt zu haben, sei es nur, dass man durch seine Kunst für eine bessere

---

[112] Goebbels, Joseph: *Über die Aufgaben der Kunst im revolutionären Prozess, 8.5.1933.* In: *Die Zeit des Nationalsozialismus – Eine Buchreihe [Dok. 60]*, hrsg. von Walter H. Pehle, Frankfurt am Main 1993. S. 81.

[113] Beispielsweise bestritt Carl Bresgen, einer der populärsten und produktivsten Hitlerjugend-Komponisten, vehement je Musik für politische Zwecke geschrieben zu haben. Auch Hans Baumann verkaufte die meisten seiner Werke als apolitisch. Ebenso ist der Dirigent Furtwängler zu nennen, der sich darauf berief nur Musik gemacht zu haben. Viele weitere im Musikbereich Aktive verhielten sich nach Kriegsende ebenso. Vgl. dazu Kater 1998, S. 268 ff.

außenpolitische Darstellung des Regimes, für die Begeisterung der Menschen für das Kulturleben im „Dritten Reich" oder für eine Ablenkung des Volkes vom Alltag gesorgt hatte.

Für den Fall einer aktiven Mitarbeit im Sinne der Nationalsozialisten sollten jedoch auch die Beweggründe jedes Einzelnen, die zu einer aktiven Mitarbeit in der Propagandaarbeit der NSDAP führten, berücksichtigt werden. Es besteht ein Unterschied, ob dies freiwillig aus Fanatismus, taktilen, privaten Gründen oder auch aus Angst geschah, ob bewusst, berechnend oder unbewusst gehandelt wurde und die Konsequenzen des eigenen Handelns bekannt waren und reflektiert wurden.

4.4 Fritz Jöde als Fallbeispiel eines „unpolitischen" Musikpädagogen

Am Beispiel Jödes soll die Wichtigkeit der differenzierten Betrachtung exemplarisch veranschaulicht werden. Jöde war eine der führenden Persönlichkeiten der Jugendmusikbewegung[114] und hatte mit seiner Organisation „Musikantengilde" und der Durchführung von „Offenen Singstunden" in der Weimarer Republik einen hohen Bekanntheitsgrad erreicht. Der Begründer der „Singbewegung" in Norddeutschland scharte viele Anhänger um sich, die für eine weite Verbreitung seiner Ideen sorgten.[115]

Jöde selbst und der Großteil seiner Getreuen beharrten nach dem Zweiten Weltkrieg darauf, dass er eine unpolitische Haltung im „Dritten Reich" eingenommen hatte. Prieberg urteilt über Jöde, dass ihm *der Anschluss an die „neue Zeit" und vor allem an die neue Jugend nicht gelang.*[116] Dass dem keineswegs so war, verdeutlicht Schmidt, indem er nachweist, dass Jöde während der gesamten NS-Zeit, bis auf das letzte Kriegsjahr, fast *alles* [tat], *um mit seiner Arbeit den nationalsozialistischen Machthabern zu gefallen. Von einer unpolitischen Haltung kann angesichts dieser Tatsache keine Rede sein.*[117] Zwar gab es auch publizistische Angriffe von Seiten der Nationalsozialisten auf die Person Jöde bzw. auf seine Aktivitäten in der Jugendmusikbewegung, welche

---

[114] Diese Bewegung setzte sich in Verbindung mit der Jugendbewegung für das Laienmusizieren und eine verstärkte Jugendmusikarbeit ein, wobei das Singen, insbesondere von Volksliedern, die Grundlage des Musizierens bildete. Vgl. Hopf 1985, S. 18 ff.

[115] vgl. Lefebvre 2006, S. 112; Vgl. Schmitt, Rainer: *Von der Politik eines Unpolitischen – Nachträge zum „Fall Jöde" in den Jahren 1927 – 1945. In: Vom Umgang des Faches Musikpädagogik mit seiner Geschichte,* hrsg. von Mechthild von Schönebeck, Essen 2001, S. 142-151.

[116] Prieberg 1982, S. 243.

[117] Schmitt 2001, S. 142.

nach 1945 häufig als Beleg dafür gesehen wurden, dass Jödes Ansichten nicht äquivalent zu der NS-Ideologie waren und es keine Übereinstimmungen zwischen Jöde und der NS-Ideologie gab. Der Grund für die Anfeindungen lag unter anderem darin, dass Jöde mit seiner Forderungen nach einer Rückkehr zum natürlichen, ungekünstelten Musizieren wesentlich für das vorübergehende Verschwinden der Hausmusik verantwortlich gemacht wurde. Jöde lehnte Virtuosität und damit assoziierte Instrumente, wie das Klavier, ab und warb für seinen Gegenentwurf, bei dem der ungekünstelte, natürliche und gemeinsame Gesang, der fern vom stickigen bürgerlichen Heim ausgeübt werden sollte, im Mittelpunkt stand.[118] Nicht nur Befürworter der Hausmusik lehnten Jödes Lebensentwurf ab und übten Kritik an seinen Ideen. Die öffentlichen Angriffe auf Jöde von gewissen NSDAP-Kreisen[119] fielen jedoch nach 1934 rapide ab und hörten schließlich ganz auf [120] und sind kein Indiz für eine ablehnende Haltung Jödes gegenüber dem NS-Regime.

Nach der Machtübernahme Hitlers wies Jöde selbst wiedeholt auf Übereinstimmungen von seiner Einstellung zur NS-Ideologie und die vaterländischen Elemente in seinem Liedgut hin.[121] So *betont* [er] *den notwendigen Zusammenhang seiner Volksmusikpflege mit der lebenden Komponistengeneration und verweist auf seinen Kampf gegen „alles mögliche Undeutsche"* [!].[122] Fraglich ist, ob das öffentlich Bekundete der privaten Einstellung Jödes entsprach. In jedem Fall interessieren die Motive und Gründe für solch ein Handeln. Schmidt weist darauf hin, dass Jöde in Bezug auf sein politisches Verhalten im „Dritten Reich" *sowohl Überlebenstaktiker als auch Opportunist* [war]. *Er handelte in dieser Zeit oft auf zwei Ebenen, einer öffentlichen und einer privat vertraulichen, von denen er je nach Situation unterschiedlich Gebrauch macht.*[123]

Jödes musikpädagogische und schriftstellerische Tätigkeit geriet zwischen 1933 und 1945 nicht ins Stocken. Vielmehr war Jöde sehr produktiv in dieser Zeit. So veröffentlichte er im „Dritten Reich" insgesamt 19 Sammlungen mit

---

[118] Vgl. Kater 1998, S. 281 - 283.
[119] Hierzu gehörte insbesondere der Kreis um den NS-Chefideologen Alfred Rosenberg, der den ursprünglichen Gedanken der Hausmusik vertrat.
[120] Schmitt 2001, S. 143 - 145.
[121] Vgl. Schmitt 2001, S. 142 - 145.
[122] Ebd., S. 145.
[123] Ebd., S. 142.

Spielmusiken, Liedern und Tänzen. Diese erreichten eine Auflagenhöhen von 100 bis 55000 Exemplaren. "[124] Sein Schaffen schienen die Nationalsozialisten zumindest nach 1934 als förderlich für die Verbreitung ihrer Weltanschauung angesehen zu haben, sodass sie seine Aktivität nicht einschränkten. Es stellt sich die Frage, ob sich Jöde dieser politischen Dimension seiner Arbeit bewusst war. Schmidt behauptet, dass Jöde sich in dieser Hinsicht von einem Teil seiner Freunde und Anhänger unterschied und sich über die Wirksamkeit seiner Tätigkeit im Sinne der Nationalsozialisten die ganze Zeit über im Klaren war. Um seine Interessen möglichst gut durchzusetzen, nahm er sehr geschickt und meistens im Hintergrund Einfluss auf das politische Geschehen.[125] Beispielsweise brachte er einige seiner Schüler, unter ihnen Stumme und Napiersky, 1933 dazu in die Hitlerjugend einzutreten. Der HJ-Komponist Napiersky erinnert sich an eine Begegnung mit Jöde: *Ich sehe noch Fritz Jöde vor mir, als wir […] miteinander in den 30er Jahren sprachen und er sagte: ihr seid die Jüngeren, ihr müßt [!] in die Spielscharen der HJ; dort ist die einzige Möglichkeit, unsere Musikarbeit fortzusetzen.*[126] Diese gelangten dann rasch, aufgrund ihrer Stellung als ausgewiesene Experten in der Musikpädagogik, in bedeutende Positionen und sorgten für das Eindringen von Jödes Ideen in die Musikerziehung in der Hitlerjugend. Auch zählte Jöde bedeutende Vertreter des Nationalsozialismus, wie Kallmeyer und Krieck, zu seinen Freunden, welche ihn in stark unterstützten.[127] Sein taktisch geschicktes, eher unauffälliges politisches Verhalten im „Dritten Reich" hatte auch nach 1945 einen großen Vorteil für Jöde: Ohne näher nachzuforschen glaubte man ihm, dass er ausschließlich ein musikpädagogisches Wirken ohne jeglichen politischen Hintergedanken im Sinn gehabt hatte.[128] Auch Jödes Entlassung im Oktober 1936 von der Berliner Akademie wurde im Nachhinein als Indiz für die Differenzen, die zwischen ihm und dem NS-Regime bestanden, angeführt. Helms weist darauf hin, dass die Suspendierung vom Dienst vielmehr aufgrund sexueller Beziehungen Jödes zu jungen Mädchen erfolgt und

---

[124] Vgl. Schmitt 2001, S. 146 f.
[125] Vgl. Ebd., S. 150 f.
[126] Napiersky, Herbert: *(in einem Brief an Prieberg vom 26.10.1980). In: Musik im NS-Staat,* von Fred Prieberg. Frankfurt am Main 1982, S. 244.
[127] Vgl. Kater 1998, S. 285-286.
[128] Vgl. Schmitt 2001, S. 150/151.

weniger oder gar nicht politisch motiviert war.[129] In der Folgezeit nahm Jöde Gelegenheitsarbeiten unter anderem beim Rundfunk München an und wurde 1940 sogar als „Musikbeauftragter der Hitlerjugend für der Gau Salzburg" an das Salzburger Mozarteum berufen. Später wechselte er nach Braunschweig an ein weniger bekanntes NS-Ausbildungsinstitut, wurde aufgrund des „totalen Krieges" 1944 entlassen und verbrachte die restliche Zeit bis zum Kriegsende in Bad Reichenhall.[130]

Kater fasst zusammen, dass Jödes politische Gesinnung potenziell rechts einzustufen war. Einerseits lehnte Jöde den Liberalismus ab, andererseits befürwortete er die Idee eines starken Staats, der sich der öffentlichen Musikarbeit annahm.[131] Wohlgesinnte Kritiker rechtfertigen Jöde, indem sie argumentieren, *dass er immer nur eine demokratische Form meinte − eine Annahme die völlig unbewiesen ist.*[132]

4.5   Historischer Kontext der Musikerziehung

Wie am Beispiel Jödes erkennbar, schließt eine Aktivität in der Jugendmusikbewegung in der Zeit der Weimarer Republik eine Weiterarbeit in der Musikpädagogik im „Dritten Reich" nicht aus. Diese Tatsache wirft die Frage auf, wie sich die „Machtergreifung" der Nationalsozialisten auf die Entwicklung der bestehenden Musikpädagogik auswirkte. Gab es einschneidende Veränderungen oder kann man von einer Kontinuität im Sektor der Musikerziehung sprechen?

Günther stellt fest, dass zwar vom NS-Regime mit Nachdruck auf die „nationalsozialistischen Revolution" verwiesen wurde, ein tatsächlicher Neubeginn jedoch nicht als notwendig angesehen und durchgeführt wurde. Was neu hinzukam, war die weltanschauliche Ausrichtung, welche häufig als Vorwand für die Verwirklichung musikpädagogischer Konzepte diente, welche zuvor mit rationaler Argumentation nicht durchgesetzt werden konnten.[133] *Auf diese Weise wurden die schon vorher wirksamen reaktiven Tendenzen verstärkt, und manche ihrer Träger wurden ermuntert.*[134] Dies sieht man beispielsweise an Kriecks

---

[129] Vgl. Hopf, Helmut: *Zur Geschichte des Musikunterrichts.* In: *Handbuch der Schulmusik,* hrsg. von Siegmund Helms; Helmuth Hopf und Erich Valentin. Regensburg 1985, S. 287.

[130] Vgl. Ebd., S. 288 f.

[131] Vgl. Kater 1998, S. 283 f.

[132] Ebd.

[133] Günther 1992, S. 29.

[134] Ebd., S. 29.

Ausführungen über seine „nationalsozialistische Erziehungslehre", in denen er seine Idee der „Musischen Erziehung"[135] wieder aufnahm und weiterentwickelte.[136] Hopf weist auf Kriecks Verbindung zu Jödes „Musikantengilde" hin, dessen „ideologisches Gerüst" Krieck im Wesentlichen bestimmte. Krieck betätigte sich vor 1933 als Festredner auf Zusammenkünften der „Musikantengilde" und arbeitete im Wesentlichen das pädagogische Konzept dieser Organisation aus. Somit stellten Kriecks Ideen die Verknüpfung zur politischen Wirklichkeit im „Dritten Reich" dar.[137]

Im Fall Jöde (siehe Abschnitt 4.4) und anhand Kriecks musikpädagogischem Wirken wird deutlich, dass die Jugendmusikbewegung auch nach 1933 maßgeblich Einfluss auf die Musikerziehung hatte und dass dies von den Nationalsozialisten nicht unterbunden, sondern sogar oft positiv aufgenommen und für ihre Zwecke genutzt wurde. Besonders die Jugendorganisationen der NSDAP profitierten in einem großen Ausmaß von den Strukturen und den vorausgegangenen Tätigkeiten der Jugendmusikbewegung, denn *zweifellos wären der rasche Aufbau der Hitlerjugend ab 1933 und der Ausbau vor allem musisch-kultureller Aktivitäten im NS-Staat ohne die Anknüpfung an Vorarbeiten der Jugendbewegung nicht denkbar* [gewesen].[138]

Lefebvre stellt fest, dass es generell keinen Einschnitt oder Wandel zu Beginn des „Dritten Reiches" in der Musikpädagogik gegeben hat. Vielmehr sei *die Kontinuität zwischen der Ausrichtung der Jugendmusikbewegung und der nationalsozialistischen Politik [...] in der Tat bemerkenswert.*[139] Den Anhängern der Jugendmusikbewegung bereitete das Umschwenken auf pädagogische Tätigkeiten mit nationalsozialistischer Weltanschauungsausrichtung in der großen Mehrzahl kein Problem. Viele bedeutsamen Führer der Jugendmusikbewegungen gingen nach 1933 oder auch schon zuvor in die Hitlerjugend und hofften dort ihre Ideen umsetzen zu können. So erinnert sich Napiersky, der von Jöde zum Eintritt in die Hitlerjugend ermuntert worden war, an sein Erstaunen über die allmähliche Übernahme der Aktiven der Jugendmusikbewegung durch die Hitlerjugend:

---

[135] Vgl. Kapitel 3.2. „Musische Erziehung".
[136] Vgl. Günther 1992, S. 35.
[137] Vgl. Hopf, Helmut: *Zur Geschichte des Musikunterrichts. In: Handbuch der Schulmusik,* hrsg. von Siegmund Helms; Helmuth Hopf und Erich Valentin. Regensburg 1985, S. 22; vgl. auch Krieck, Ernst: *Musische Erziehung.* Leipzig 1935, 2. Auflage (drei Aufsätze, erstmalig veröffentlicht 1927 und 1928).
[138] Klönne, Arno: *Jugend im Dritten Reich – Die Hitlerjugend und ihre Gegner.* Köln 2003, S. 119.
[139] Lefebvre 2006, S. 116.

Wie Heinrich Spitta als einer der ersten in die Spielscharen gekommen ist, weiß ich heute noch nicht. [...] Eines Tages war ich auf einer Tagung der Spielscharleute der HJ. Dort traf ich alte Bekannte aus der Jugendmusikbewegung: Reinhold Heyden, Wilhelm Twittenhoff, Walter Kurka, [...] später noch Ekke Pfannenstiel und mehrere andere noch. Ich kam mir dort vor wie „zu Hause".[140]

Das Buch „Musik und Musikerziehung im Dienste der Volksgemeinschaft" von Fritz Reusch[141] zeigt, *dass es dem Verfasser keine Mühe machte, die Auffassungen der Jugendmusikbewegung auf die Verhältnisse im Dritten Reich zu übertragen; denn es bestanden für ihn offensichtlich keine wesentlichen Unterschiede zwischen den musikpädagogischen Vorstellungen der Jugendmusikbewegung und der nationalsozialistischen Pädagogik.*[142]

Doch welche gemeinsamen Merkmale und Ansichten bildeten die Schnittmenge, die einen solch nahtlosen Übergang von der Jugendmusikbewegung zum Nationalsozialismus denkbar und umsetzbar machte? Welche Unterschiede gab es?

Koch hält die Egalisierung der Musik in dem Sinne, dass sie alle Volksgenossen gefallen und ein Gemeinschaftserlebnis des Volkes hervorrufen sollte, für einen zentralen und neuen Gedanken der NS-Musikpolitik.[143] Lefebvre hingegen hebt als gemeinsamen Grundgedanken den Glauben an das gemeinschaftliche Wesen der Musik hervor, welcher sich sehr *deutlich in dem Wunsch nach Rückkehr einer feudalen Gesellschaftsorganisation [zeige]. [...] Die Musikerziehung [ziele auf] eine Gemeinschaft, eine ganzheitliche Organisation, im Gegensatz zur [bestehenden] Gesellschaft, einer individualistischen Organisation.*[144] Der Gedanke, ein Gefühl der Gemeinschaft durch Musik herbeizurufen, war also nicht neu, sondern hatte seine Tradition in der Jugendmusikbewegung, auch wenn die Umsetzung dort noch nicht weite Teile der Gesamtbevölkerung Deutschlands erreicht hatte. Auch die Idee, dass gemeinsames Singen „zusammenschweißt", stammte aus der Jugendmusikbewegung, wie man am Beispiel Reuschs erkennen kann.

---

[140] Napiersky, Herbert: (in einem Brief Fred K. Prieberg vom 26. Oktober 1980). In: Prieberg 1982, S. 244.
[141] Fritz Reusch war gehörte in den 1920er und 1930er Jahren zu den führenden Musikerziehern und war einer der bedeutendsten Mitarbeiter Jödes in der Jugendmusikbewegung.
[142] Günther 1992, S. 41.
[143] Koch 2003, S. 67.
[144] Lefebvre 2006, S. 117.

Reusch interpretierte die nationalsozialistische Revolution in seinem Sinne als eine singende Revolution. Das Singen in der Gemeinschaft, insbesondere die Form der „Offenen Singstunde", die Reusch hervorhob, stammte aus der Jugendmusikbewegung.[145]

Jedoch fand eine Veränderung in Bezug auf die Funktion und Absicht statt, die mit dieser Art des Singens verbunden wurde. Standen in der Jugendmusikbewegung musikalische und pädagogische Bestrebungen im Vordergrund, *bekam es nun ausschließlich weltanschaulich-politische Funktion.*[146] Das Interesse Reuschs lag darin, eine Volksgemeinschaft herzustellen und ein kämpferisches und heldisches Lebensgefühl in den Mitgliedern dieser Gemeinschaft zu erzeugen.[147]

Eine weitere musikalische Kontinuität ist durch das Volkslied gegeben. Bereits im 19. Jahrhundert wurde bevorzugt das Volkslied für die Volksmusikerziehung genutzt. Infolge der Jugendmusikbewegung wurde diese Beziehung noch stärker. Das Volkslied galt hier als musikpädagogisch besonders wertvoll und wurde als „die" wahre Volksmusik gehandelt. Die Nationalsozialisten konnten sich dies für ihre Ideologie passend übernehmen. Der in diesem Bereich fließende Übergang wurde oft sogar als Weiterführung und Vollendung der Volksliedbewegung aufgefasst Die Übernahme von Liedgut und Singgewohnheiten aus der Jugendbewegung in der Hitlerjugend wird in Kapitel 5.4 detailliert reflektiert werden.

Nicht nur Strukturen, Personal und Liedgut übernahmen die Nationalsozialisten von der Jugendbewegung. Die von der Jugendbewegung entwickelten Begrifflichkeiten, welche die Befürwortung einer neofeudalen Gesellschaftsordnung widerspiegeln, finden sich in der nationalsozialistischen Rhetorik wieder.[148] Bereits in der Jugendmusikbewegung herrschte eine Begriffsunklarheit, die im „Dritten Reich" beibehalten und weitergeführt wurde.[149] So stellt Lefebvre heraus, dass die Nazis sich die bereits in den 1920er Jahren bestehende Unklarheit des Begriffs „Volkslied" zu Nutze machen. Denn

---

[145] Vgl. Günther 1992, S. 40.
[146] Ebd.
[147] Vgl. Ebd.
[148] In der Jugendmusikbewegung wurden Begriffe wie „Chorverein" durch „Singkreis" oder „Singgemeinde", „musikalische Erziehung" durch „musische Erziehung" oder „Musiker" durch „Musikant" ersetzt. Vgl. Lefebvre, S. 118.
[149] Vgl. Lefebvre 2006, S. 117 f.

schon in der Weimarer Republik wurde die Echtheit des Volkstums und die nationalen Verwurzelung als äquivalent angesehen.[150]

Sogar in Bezug auf den Nationalismus und Antisemitismus kann man eine Kontinuität in der Geschichte der Musikpädagogik feststellen. Mit dem Wunsch nach einer nationalen Identität rechtfertigte man den Ausschluss von Juden aus der Organisation „Wandervogel". Als Begründung für diesen Ausschluss wurde das irrationale Argument vorgebracht, dass man noch keinem Juden begegnet sei, der ein „rechter Wandervogel" gewesen sei.[151] Die antisemitischen Vorgehensweisen der Reichsmusikkammer begreift Lefebvre zu Recht nicht nur als eine *Ausweitung des staatlichen Antisemitismus auf den Bereich der Musik, sondern auch* [als den] *Endpunkt einer Musikideologie, die Volk und Deutschtum miteinander verschmelzt* [!].[152]

Weitere Entwicklungslinien, die von der Jugendmusikbewegung direkt in der nationalsozialistischen Musikpädagogik mündeten – beispielsweise auf dem Gebiet der Schulmusikerziehung –, könnten aufgezeigt werden.[153]

Insgesamt ist der Feststellung Klönnes zuzustimmen, dass *die bürgerliche deutsche Jugendbewegung bis 1933* […] *in ihren politischen Denkweisen oder Gefühlswelten überwiegend so weit in der Nähe des Nationalsozialismus* [war], *dass sie sich 1933* [problemlos] *als Teil der „nationalen Erhebung" verstehen konnte.*[154]

Die bisherige Darstellung der historischen Entwicklung der Musikpädagogik von der Weimarer Republik bis zum „Dritten Reich" hat sich fast ausschließlich mit Gedanken, die von der Jugendmusikbewegung ausgingen und von den Nationalsozialisten aufgenommen wurden, befasst. Nun soll das Verhalten der Musikwissenschaftler und Musikpädagogen, die zuvor nicht in der Jugendmusikbewegung aktiv waren, im Mittelpunkt des Interesses stehen. Ulrich Günther konstatiert, dass auch ihre musikpädagogischen Vorstellungen mit der Betrachtungsweise der nationalsozialistischen Pädagogik von Musikerziehung übereinstimmten.[155] Dies weist Ulrich Günther exemplarisch an dem Buch

---

[150] Vgl. Lefebvre 2006, S. 118.
[151] Vgl. Ebd.
[152] Ebd.
[153] Vgl. Günther 1992, S. 39 f. In dieser Arbeit wird die Schulmusikerziehung jedoch nicht im Vordergrund der Untersuchung stehen.
[154] Klönne 2003, S. 125.
[155] Vgl. Günther 1992, S. 41-42.

„Musikerziehung als nationale Aufgabe" von Siegried Günther nach. Dieser fordert in seinem Buch, dass *die Musikerziehung die völkische Erziehungsaufgabe* [habe], *zur nationalen Bewusstheit und Geschlossenheit des Volkes beizutragen* [!].[156] Siegfried Günther sieht es als Aufgabe der Musikerziehung an, alle Menschen des deutschen Volkes durch gleiches und gemeinsames Empfinden zusammenzubringen und zu vereinen. Dabei sollte das Musikerlebnis das verbindende Moment darstellen und dazu beitragen eine „alle verbindende Gefühlsatmosphäre" zu schaffen. Hierzu eigne sich die Musik besonders gut, da sie in der Lage sei, die *tiefsten, wirksamsten und nachhaltigsten Schichten der Seelen*[157] zu erfassen und die Menschen zur inneren Einheit sich auszurichten zwinge.[158]

Zusammenfassend kann also festgehalten werden, dass die Geschichte der Musikpädagogik insgesamt von einer Kontinuität geprägt ist, als dass 1933 ein Neubeginn, eine starke Veränderung oder einen kompletten Bruch in der Entwicklung der Musikerziehung darstellt.

5   Musikerziehung in der Hitlerjugend

Das NS-Regime sah in der Hitlerjugend bereits in der Anfangsphase der Machtausübung eine präferierte Erziehungsstätte alternativ zur staatlichen Institution Schule. Kater betont, dass in der Jugendorganisation der Partei nicht unbedingt die Vermittlung von intellektuellen Fähigkeiten im Vordergrund stand.[159] Die Ausbildung schloss auch *dynamische, den Charakter formende Fächer [...] wie Körperertüchtigung und die Künste, insbesondere die Musik*[160] mit ein. In diesem Kapitel sollen die Ziele der Musikarbeit in der Hitlerjugend und der reale „Erfolg" bei der Umsetzung herausgearbeitet werden. Ein Schwerpunkt wird dabei auf die Betrachtung der gesanglichen Aktivität in der Jugendorganisation gelegt, da Singen die häufigste und weit verbreitetste musikalische Betätigung in den Untergliederungen der Hitlerjugend darstellte.

---

[156] Günther, Siegfried: *Musikerziehung als nationale Aufgabe. (Vorwort) In:* Günther 1992, S. 42.
[157] Ebd.
[158] Vgl. Ebd., S. 67.
[159] Vgl. Kater, 1998, S. 260
[160] Ebd.

5.1 Historische Entwicklung der Musikarbeit in der Hitlerjugend

Wie in Abschnitt 4.5 gezeigt wurde, bereitete es den Nationalsozialisten keine Probleme in vielen Bereichen der Erziehung bzw. Musikerziehung an Traditionen der Jugendbewegung anzuknüpfen. Insbesondere die Hitlerjugend profitierte hiervon reichhaltig. Worin liegen nun aber die Gründe, dass keine selbstständig und neu aufgebaute Jugendorganisation, die mit den Traditionen der bisherigen Jugendgruppen brach, von dem NS-Regime im „Dritten Reich" angestrebt wurde. Eine andere interessante Frage ist, was von den Bünden übernommen wurde und was verändert wurde. Bei der Beantwortung dieser Fragen sollte der historische Kontext der Musikarbeit in den Jugendgruppen mit einbezogen werden.

Vor der Machtübernahme Hitlers kann von einer Musikarbeit in der Hitlerjugend, wie man sie in anderen Jugendgruppen vorfand, nicht gesprochen werden. Dies hing unter anderem damit zusammen, dass die Hitlerjugend zu dieser Zeit lediglich ein Jugendbund der SA war, der sich an politischen Aktionen beteiligte. Zu den vierzehn- bis sechzehnjährigen Mitgliedern gehörten kaum Schüler, sondern im wesentlichen Jungarbeiter.[161] Die Mitgliederanzahl der Hitlerjugend machte zudem einen nur sehr geringen Anteil an der Gesamtzahl der Jugendlichen, die in Jugendgruppen organisiert waren, aus.[162]

Diese Situation änderte sich nach 1933 schlagartig. Da die Hitlerjugend einen Anspruch auf die Totalerziehung der Kinder der deutschen Bevölkerung erhob, wurde dementsprechend die Aus- oder Gleichschaltung aller konkurrierenden Jugendgruppen verlangt. Mit der Auflösung der freien Bünde 1933 bekam die Hitlerjugend von hunderttausenden Jugendlichen Zulauf. Die neue Situation erforderte Strukturveränderungen in der Hitlerjugend. Die Aufgaben der Hitlerjugend mussten umgewandelt und an die neuen Bedingungen angepasst werden. Mit der Machtergreifung war das Fortbestehen der Hitlerjugend als Kampfverband der SA nicht mehr notwendig.[163] Als neue Aufgabe wurde die *körperliche, geistige und sittliche Erziehung der Jugendlichen zum Nationalsozialisten* [definiert]. *Die RJF hatte sofort erkannt, dass diese neue Aufgabe nur durch große Anstrengungen auf kulturellem Gebiet zu lösen war.*[164]

---

[161] Vgl. Günther 1992, S. 45.
[162] Vgl. Keim, S. 126 f.
[163] Vgl. Günther 1992, S. 46.
[164] Ebd., S. 47.

Da die Hitlerjugend jedoch keine eigene musikpädagogische Tradition besaß[165], liegt der Schluss nahe, dass sie sich Anregungen von anderen, erfolgreichen Jugendgruppenorganisationen, insbesondere von den Bünden beschafften.

Günther weist auf die Schwierigkeiten hin, denen die Reichsjugendführung ausgesetzt war. Sie lagen einerseits darin, dass qualifizierte Führungskräfte aus den eigenen Reihen zunächst fehlten und erst ausgebildet werden mussten. Andererseits musste das Bestreben nach Totalität in der Jugenderziehung durchgesetzt werden. Zugleich wollte man aber nicht den Anschein erwecken, dass die bis zu diesem Zeitpunkt bestehende Jugendarbeit einfach weitergeführt werden würde. Um diese schwierige Lage schnell und reibungslos zu meistern, *benutzte* [die Reichsjugendführung] *vorhandene Einrichtungen, die als bewährt bekannt waren, und begann gleichzeitig neue zu schaffen, teilweise indem sie die alten in ihrem Sinne erweiterte oder umwandelte.*[166] Günther macht in diesem Zitat deutlich, dass es sich nicht um eine bloße Übernahme von Gegebenem durch die Hitlerjugend handelte und auch nur die Elemente übernommen wurden, die in der Weltanschauung der Nationalsozialisten nicht widersprachen.

Klönne zeigt auf, dass generell *ein Großteil der Methoden und Gestaltungsmittel der NS-Jugendarbeit, der Gruppenform und des Verbandsaufbaus der HJ* […] *im Bündischen seinen Ursprung* [hatte]; *„Vorgaben" für die HJ nach 1933 boten die bündischen Strukturen innerverbandlicher Gliederung* […], *das Führungs-Gefolgschafts-Prinzip, die Formen von Fahrt, Lager, Geländespiel und Heimabend, das „Liedgut"* […], *- bis hin zur Symbolsprache und den „Zeichen" der HJ.*[167] Für die Musikarbeit im Speziellen kann festgehalten werden, dass sie *„an die völkische Linie bestimmter Teile der alten Jugendbewegung und der mit ihr zusammenhängenden Kultur- und Musikbewegung anknüpfen* [konnte].[168] Unter ihnen waren viele mit Jugendarbeit erfahrene Führer, welche Schirach für die Bewältigung des Massenansturms dringend benötigte, wie Knopp festhält.[169] Klönne spitzt diese Behauptung weiter zu, indem er heraushebt, dass der rasante Aufbau der Hitlerjugend und vor allem die Ausweitung der Kultur- und

---

[165] Vgl. Günther 1992, S. 47.
[166] Ebd., S. 47 f.
[167] Klönne 2003, S. 111 f.
[168] Ebd., S. 67.
[169] Vgl. Knopp 2000, S. 76.

Musikarbeit unter dem NS-Regime *ohne die Anknüpfung an Vorarbeiten der Jugendbewegung nicht denkbar* [gewesen wäre].[170]

Voraussetzung für diesen schnellen und fast reibungslosen Übergang von der bündischen Jugendarbeit zur Organisation der deutschen Jugend in der Hitlerjugend war zudem auch die weitgehend vorhandene Bereitschaft und Arglosigkeit, mit der sich ehemalige bündische Führer für eine Mitarbeit in der Hitlerjugend zur Verfügung stellten und diese als fast gleichwertigen Ersatz für ihren ehemaligen Tätigkeitsbereich ansahen. Gertrude Hocke beispielsweise, welche im „Bund Deutscher Mädel" die Führung eines Untergaus der Jungmädel übernahm und ursprünglich aus der bündischen Bewegung stammte, hatte keine großen Bedenken bei ihrem Wechsel zur nationalsozialistischen Jugendorganisation.

> *Unser Bund hieß „Freischar junger Nation". Wir waren alle Idealisten mit viel Kontakt zur Natur. Als die Bünde dann aufgelöst wurden, war ich zwar traurig, dachte aber wie die meisten: Wir haben das Handwerkszeug, was jetzt gebraucht wird. Ich konnte gut singen und musizieren. Und ich wollte das jetzt weitergeben.*[171]

Günther stimmt Klönne in der Hinsicht zu, dass die Singtradition in den Bünden als Grundlage für die musikerzieherischen Aktivitäten in der Hitlerjugend angesehen werden kann. Er nennt weitere Gebiete, in denen die Hitlerjugend sich externer Vorkenntnisse und Gegebenheiten bediente. Beispielsweise benutzte die Reichsjugendführung die vorhandenen Schulmusikinstitute in Berlin und Weimar zur Ausbildung der HJ-Musikerzieher, rief Schulmusiker zur Mitarbeit in der Hitlerjugend auf, wandelte Musikfachzeitschriften in amtliche Organe der Reichsjugendführung um und *gab nach dem Vorbild von Jödes „Singstunde" eigene „Liederblätter der Hitler-Jugend" heraus.*[172]

An diesen Beispielen wird deutlich, wie vielfältig und verschieden die Quellen waren, an die die Musikarbeit der Hitlerjugend anknüpfte. Auch die Anziehungsfähigkeit der Hitlerjugend ergab sich zum größten Teil aus der Übernahme dieser bündischen Traditionen und dem jugendlichen Gruppenstil, der

---

[170] Klönne 2003, S. 119.
[171] Hocke, Gertrud: In: *Hitlers Kinder,* von Guido Knopp. München 2000, S. 98.
[172] Vgl. Günther 1992, S. 48.

vor 1933 in den Jugendbünden entstanden war.[173] So berichtet Peter Löhrer von erlebter Zeltromantik im Jungvolk, welche bis 1933 als typisch für die bündische Jugend galt: *Am Abend saß alles rings um das Feuer. Und dann sangen wir gemeinsam. Es war dunkel. Die Sterne über uns, das war ein ergreifendes Gefühl, das vergisst man nicht.*[174]

Beim Vergleich von Hitlerjugend und bündischen Jugendgruppen stellt Maschmann fest, dass *die HJ [...], obwohl sie formal an viele Gegebenheiten der Jugendbewegung anknüpfte, etwas radikal anderes* [war].[175] Diese Aussage trifft mit Voranschreiten der Zeit von Beginn bis Ende des „Dritten Reiches" immer stärker zu. Es bestanden entscheidende Unterschiede zwischen Jugendmusikbewegung und Musikerziehung in der Hitlerjugend, welche eine immer weitere Abkehr der Hitlerjugend von bündischen Traditionen zur Folge hatte.[176]

Zum einen stellte die Jugendmusikbewegung keine einheitliche, zentral gelenkte Massenorganisation dar, was als Ansinnen der Reichsjugendführung für Hitlerjugend gelten kann. In der bündischen Jugend traf man sich in kleinen Gruppen aus musikalisch interessierten Freiwilligen zum Musizieren.[177] *Diese wiederum schlossen sich zur organisatorischen Spitze hin in loser, demokratischer Form zusammen.*[178] Zum anderen hatte die Reichsjugendführung als Ziel die *organisierte Verfügbarkeit von Jugend*[179] vor Augen, was sich mit der *Spontanität jugendlichen Gruppenlebens [...] auf Dauer nicht miteinander vereinbaren* [ließ].[180] Somit folgte eine zunehmende Verstaatlichung und ab 1936 der Zwang zur Mitgliedschaft in der NS-Jugendorganisation. Dies wurde allgemein eher negativ von den Jugendlichen aufgenommen. Dementsprechend setzte die *Erinnerung an das „freie bündische Leben" [...] nun gegenkulturelle Orientierungen und Oppositionsbedürfnisse frei.*[181] In einigen Gegenden stellten die bündischen Gepflogenheiten für den angestrebten Einordnungsprozess der Jugendlichen in der Hitlerjugend eine nicht zu unterschätzende Gefahr dar. Im

---

[173] Vgl. Klönne: *Jugend im Nationalsozialismus*, S. 80 - 82.
[174] Knopp 2000, S. 34.
[175] Maschmann, S. 151.
[176] Vgl. Klönne: *Jugend im Nationalsozialismus*, S. 85 f.
[177] Vgl. Günther 1992, S. 57.
[178] Ebd.
[179] Klönne: *Jugend im Nationalsozialismus*, S. 85 f.
[180] Ebd.
[181] Ebd.

Krieg gesellte sich zudem Protest gegen die verlangte Arbeitsdisziplin und gegen die Freude am Wehrdienst hinzu. Die „Schleiferei" beim Dienst und der Umgangston, welcher häufig in der Hitlerjugend herrschte, sagte nicht allen zu.[182] So berichtet Karl-Heinz Janßen über seine Zeit im Jungvolk: *Wenn andere von der Pimpfenzeit schwärmen [...] so kann ich diese Begeisterung nicht teilen. Ich habe beklemmende Erinnerungen. In unserem Fähnlein bestanden die Jungvolk-Stunden fast nur aus „Ordnungsdienst" das heißt aus sturem militärischem Drill.*[183]

Die Enttäuschung vieler Jugendlichen über die Nicht-Realisierung der propagierten Jugendlichkeit in der Hitlerjugend, die mit den Machtsicherungs-interessen der Regierung nicht zusammenpasste, blieb auch der Führungsspitze nicht verborgen. Der „Deutschlandbericht der Sopade" gibt einen unmissverständlichen Bericht über die Stimmungslage unter den Jugendlichen und ihre Einstellung zur Hitlerjugend 1938 ab:

> *Die Jugend ist stimmungsmäßig leichter zu beeinflussen als die Erwachsenen. Diese Tatsache hat es in den ersten Jahren nach dem Umsturz dem Regime erleichtert, die Jugend für sich zu gewinnen. Es scheint, dass derselbe Umstand jetzt dem Regime es schwer macht, die Jugend an sich zu fesseln. [...] Die Jugend [hat] Anlass zu besonderer Enttäuschung [...]. Ihr sind besonders große Versprechungen gemacht worden, die aber nur für einen kleinen Teil in Erfüllung gehen konnten. [...] Auf Dauer empfindet auch die Jugend den Mangel an Freiheit und den geistlosen Drill, der in nationalsozialistischen Organisationen geübt wird, besonders lästig. Daher ist es kein Wunder, dass in ihren Reihen die Ermüdungserscheinungen deutlich hervortreten.*[184]

Diesen „Ermüdungserscheinungen" versuchte die Reichsjugendführung durch reichhaltige Kultur- und Sportangebote zu verhindern. Auch die Umsetzung des Leitgedankens „Jugend wird von Jugend geführt", ein Ausspruch des „Führers", wurde als Erfolg der nationalsozialistischen Jugendführung und Zeichen der Jugendlichkeit angepriesen, obwohl selbst Parteigenossen ihm mit Skepsis gegenüberstanden. Das Prinzip beruhte darauf, dass alle Einheiten der

---

[182] Vgl. Klönne: *Jugend im Nationalsozialismus*, S. 85/86.

[183] Janßen, Karl- Heinz: *Eine Welt brach zusammen.* In: *Jugend im Dritten Reich – Die Hitlerjugend und ihre Gegner*, von Arno Klönne. Köln 2003, S. 144.

[184] *Aus den Deutschlandberichten der Sopade, Dezember 1938.* In: *Die Zeit des Nationalsozialismus – Eine Buchreihe*, hrsg. von Walter H. Pehle. Frankfurt am Main 1993, S. 91.

Hitlerjugend in der vertikalen Staffelung von Jugendlichen geleitet wurden, die im Durchschnitt nur wenig älter als die Mitglieder der Gruppe waren.

Interessant ist, dass dieser Grundsatz lediglich in einer Beziehung durchbrochen wurde. So wurden ältere Fachkräfte in den einzelnen Führungsetagen als Sachbearbeiter eingesetzt. Sie hatten jedoch meist keine politische Führungsfunktion. Dies betraf auch den Musikbereich der Hitlerjugend. Auch hier hatte die überwiegende Zahl der Kultur- und Musikreferenten bereits ein gewisses Alter erreicht.[185] Die praktische Durchführung der Musikarbeit in den unteren Einheiten geschah jedoch zumeist durch den jeweiligen Leiter der Gruppe, der im Allgemeinen schon aufgrund seines jugendlichen Alters keine fachliche Musikausbildung erhalten hatte. Wie Prieberg aufzeigt, sah man es in der Hitlerjugend als ein Zeichen der Jugendlichkeit an und war stolz darauf möglichst ohne Fachmusiker auszukommen und sich *abseits der bürgerlichen Rituale des Musikbetriebs*[186] hauptsächlich beim Singen musikalisch zu betätigen. Die fehlende Ausbildung vieler Führer der Hitlerjugend führte dazu, dass zunächst jede Systematik in der Musikarbeit fehlte. Beispielsweise richtete die Liedauswahl sich nach dem Geschmack des jeweiligen Gruppenführers und der Mitglieder.[187] *Die Formationen der HJ und des BDM sangen was gerade kam: Volkslieder, politische Lieder, Lieder der einstigen Jugendbewegung, Kitsch und Epigonisches, wenn es nur gefiel.*[188]

Das Niveau der Musikarbeit hing somit von der Auffassung, Qualifizierung und Begabung des jeweiligen Gruppenleiters ab und variierte stark zwischen den einzelnen Einheiten.

5.2 Gliederung der Musikarbeit der Hitlerjugend nach Wolfgang Stumme

Wolfgang Stumme war ab 1934 als Musikreferent der RJF und ab 1935 als Leiter der Musikabteilung im Hauptkulturamt der RJF für die Organisation der musikalischen Laienbildung zuständig. 1942 hatte er sich auf den Posten der kommissarischen Leitung des Amtes Musik im Hauptschulamt in der Reichspropagandaleitung hochgearbeitet. Vor seiner Karriere im der Musikpolitik war er von 1932-1933 als Musiklehrer tätig. Stumme hatte eine Ausbildung als

---

[185] Vgl. Klönne 2003, S. 71.
[186] Prieberg 1982, S. 244.
[187] Vgl. Ebd.
[188] Ebd.

Musiklehrkraft an der Grundschule erhalten. Seine Kenntnisse und Ideen verdankte er jedoch nicht nur dieser Ausbildung, sondern auch seinen Erfahrungen aus der Jugendmusikbewegung, vor allem aber auch Fritz Jöde, dessen Schüler er gewesen war. Bereits 1933 trat er in die Hitlerjugend ein und übernahm 1934 die Leitung ihrer musikalischen Einsätze. Ferner veröffentlichte Stumme über verwandte Themen, wobei seine Publikationen stark von nationalsozialistischer Propaganda durchdrungen sind.

Erstaunlich ist, dass Stumme ab Herbst 1934 an der Berliner Akademie für Kirchen- und Schulmusik Kurse hauptsächlich in seinem Spezialgebiet „Musik in der Hitlerjugend" gab, obwohl er kein Studium an einer Universität absolviert hatte.[189] Diese Tatsache lässt vermuten, dass besonders zu Beginn des „Dritten Reiches" nicht genügend „Fachleute" als Führungspersonal in der Musikabteilung der Hitlerjugend vorhanden waren und dass Nachwuchs dringend benötigt wurde.

Stumme nimmt eine Gliederung der gesamten Musikerziehung im „Dritten Reich" vor und veranschaulicht diese anhand eines Schaubilds[190]. Hier zeigt sich die geplante Struktur und die beabsichtigte Verteilung der drei Musikvermittlungsstätten Familie, Schule und Hitlerjugend auf die entsprechenden Verantwortungsbereiche der Musikerziehung im „Dritten Reich". Das Modell stellt die Wechselbeziehungen zwischen den verschiedenen Erziehungssäulen und den zu ihnen gehörenden Musikausbildungsbereichen dar. Während die Familie quasi den Grundstein für die Musikerziehung bildet und auf der untersten Ebene der Grafik angesiedelt ist, steht die „Musik im Leben des Volkes" an oberster Stelle. Verbunden mit der Familie befindet sich im Mittelpunkt des Modells die Hitlerjugend mit ihren zugehörigen Musikeinheiten oder Musikschulen und an den äußeren Positionen jeweils die Schule mit ihren verschiedenen Schulformen und die „Musik in Haus und Familie".
Eine Deutung des Schaubildes könnte folgendermaßen aussehen: Die Familie steht an unterster Position des Modelles und übernimmt somit die musikalische Vorbildung der Kinder, bis diese der staatlichen Obhut, dem Kindergarten oder der Grundschule oder der Hitlerjugend, übergeben werden. Ab diesem Zeitpunkt scheint die Familie lediglich über „Hausmusik" die Möglichkeit zur

---

[189] Vgl. Kater 1998, S. 274 - 275.
[190] Vgl. Abbildung 1 im Anhang.

Einflussnahme auf die Musikerziehung der eigenen Kinder zu haben. Spätestens im Alter von zehn Jahren mit dem Eintritt der Kinder in das „Jungvolk" oder zu den „Jungmädeln" übernehmen Partei und Staat die Hauptverantwortung für die Musikerziehung der Kinder. Während die Schule am äußeren linken und die „Musik in Haus und Familie" am äußeren rechten Rand abgebildet sind und keine Untergliederungen besitzen, befindet sich die Hitlerjugend an zentraler Stelle und nimmt mitsamt ihren vier musikalischen Unterorganisationen den größten Raum ein. Aufgrund dieser Position könnte man vermuten, dass ihr die zentrale Rolle bei der Musikerziehung der Kinder und Jugendlichen zugeschrieben wurde. Was auffällt, ist, dass zwar sowohl die Musikarbeit in der Hitlerjugend als auch die musikalische Aktivität der Schule in die obersten Ebene münden, jedoch ohne direkt miteinander in Wechselbeziehung zu stehen. Während die Hausmusik über die Instrumentalmusik mit der Musikarbeit in der Hitlerjugend in Verbindung steht, hat es den Anschein, dass weder die Schulmusikerziehung auf der Musikarbeit in der Hitlerjugend aufbaut, noch die musikerzieherische Tätigkeit in der Hitlerjugend von der Musikerziehung in der Schule beeinflusst wird. Dies kann ein Hinweis auf die Unabhängigkeit und Eigenständigkeit der methodischen Vorgehensweise beider Institutionen geben. Die Schüler durchlaufen parallel die Musikerziehung in der Schule und in der Hitlerjugend, wobei beide Ausbildungsstätten dasselbe Ziel vor Augen haben sollen und schließlich in die Musikerziehungsstätten für Erwachsene gelangen wie beispielsweise den Chorverein oder in musikalische Gliederungen der Partei, welche durch Volksmusik, Konzert und Theater und Hausmusik musikerzieherisch wirken sollen.

5.3 Die Musik als Vermittlerin eines Gemeinschaftsgefühls

Prieberg weist auf den hohen Stellenwert der Musik innerhalb der Hitlerjugend hin und begründet diesen damit, dass besonders *die Musik [...] ein aussichtsreiches Feld für die Selbstbetätigung und das Erfolgserlebnis einerseits und andererseits für die Bindung des jungen Volkes an Nation und Staat* [war].[191] Gerade der Gedanke des Gemeinschaftserlebnisses hatte in der Hitlerjugend eine zentrale Bedeutung.

---

[191] Prieberg 1982, S. 243.

Die Jugendlichen sollten sich als Teil der Volksgemeinschaft und nicht als einzelnes Individuum identifizieren und im nationalsozialistischen Sinne zu einem dienst-, opfer- und wehrbereitem Menschen geformt werden.[192]

Bei der Beurteilung der Schwere der Verantwortung, die den ehemaligen musikalischen Führungspersonen in der Jugendorganisation der NSDAP zugerechnet werden muss, spielen insbesondere die tatsächlich erlebten Konsequenzen aus der Musikarbeit eine bedeutende Rolle.

Viele ehemalige Mitglieder der Hitlerjugend heben gerade den Aspekt der Gemeinschaft hervor, den sie in der Jugend oft erlebten und positiv in Erinnerung behielten. Melita Maschmann nennt dies als einen der stärksten Beweggründe für ihre Mitarbeit im BDM: *Keine Parole hat mich je so fasziniert wie die von der Volksgemeinschaft.*[193] Das Erfahren einer zusammenhaltenden Gruppe übte einen großen Reiz aus, wie der 1920 geborene Hans-Werner Schneider-Christians berichtet: *Und damals war das schon interessant, dass man zu einer Gemeinschaft gehörte.*[194]

Der politische Hintergrund beziehungsweise die Absicht, welche die Nationalsozialisten mit dem Schaffen einer Volksgemeinschaft in Sinne hatten, entging den meisten Kindern und Jugendlichen dabei. Dies wird an Gerhard Wilkes[195] Aussage deutlich: *Junge Menschen genießen nicht den politischen Hintergrund, sondern genießen das Zusammensein. Es hat uns Spaß gemacht, zusammen zu sein.*[196] Auch die Geschwister Scholl[197] veranlasste der Wunsch nach Zugehörigkeit zur Volksgemeinschaft zum Eintritt in die Hitlerjugend:

Wir fanden [die nationalsozialistische Machtergreifung] *gut.* [...] *Und was immer wir dazu beitragen konnten, wollten wir tun. Aber noch etwas anderes kam hinzu, was uns mit geheimnisvoller Macht anzog und mitriss: Das waren die kompakten, marschierenden Kolonnen der Jugend mit ihren wehenden Fahnen, den vorwärts*

---

[192] Vgl. mit dem Abschnitten 3.1 und 3.2.

[193] Maschmann, S. 8.

[194] Schneider-Christians, Hans-Werner. In: *Hitlers Kinder* von Guido Knopp. München 2000, S. 31.

[195] Gerhard Wilke wurde 1926 geboren und war ein Mitglied der Hitlerjugend.

[196] Wilke, Gerhard. In: *Hitlers Kinder* von Guido Knopp. München 2000, S. 63.

[197] Die Geschwister Scholl hatten zuvor der katholischen Jugendbewegung angehört und wurden von ihrem Vater vor dem Eintritt in die Hitlerjugend gewarnt. Trotzdem waren sie zunächst begeistert dabei. Dass diese Befürwortung des nationalsozialistischen Regimes nicht anhielt und Sophie und Hans Scholl wegen ihres Widerstandes gegen die Nationalsozialisten zum Tode verurteilt wurden, ist bekannt. Vgl. Knopp 2003, S. 75.

gerichteten Augen und dem Trommelschlag und Gesang. War das nicht etwas Überwältigendes, diese Gemeinschaft?[198]

In diesem Zitat wird ersichtlich, auf welche Weise ein Gemeinschaftsgefühl erzeugt wurde und welche Auswirkungen das Erleben dieser Gemeinschaft auf die Jugendlichen hatte. Inge Scholl hebt die Erlebnisse von Massenveranstaltungen hervor, die sie vereinnahmten.[199] Die Jugendlichen fühlten sich emotional angesprochen und eine rationale Beurteilung des Nationalsozialismus fand in diesem Zustand nur selten statt. Das Empfinden der Zugehörigkeit zu einer großen Volksgemeinschaft führte zu einer Opferbereitschaft, die sogar den Tod für das Vaterland nicht ausschloss, wie an Lothar Scholz[200] sichtbar wird: *Bei Feierstunden, bei weihevollen Liedern fühlten wir uns in die Gemeinschaft eingebunden. In diesem Augenblick hätte man fürs Vaterland sterben können.*[201] Dabei trug gerade die Musik ihren Teil zum Erreichen dieses Gefühls bei.[202]

Dass diese Erlebnisse der vom NS-Regime beabsichtigten Wirkung der Musikarbeit entsprachen, wird deutlich, wenn man sich die Ziele der NS-Kulturarbeit in der Hitlerjugend vor Augen führt. Ulrich Günther nennt als oberstes Erziehungsziel des NS-Regimes die Erziehung zur Wehrbereitschaft. Dieses sollte über die Entdeckung der Verbundenheit zum Vaterland und zur Heimat, also über das starke Gefühl der Zugehörigkeit zu einer Volksgemeinschaft entstehen. Somit war die Erzeugung eines Gemeinschaftsgefühls unter den Deutschen und die Eingliederung des Einzelnen in die Volksgemeinschaft Voraussetzung für eine enge Verbundenheit zum Vaterland und die Bereitschaft für das eigene Volk Opfer zu bringen und als Mann in den Kampf zu ziehen. Die Musik und Musikerziehung sollte dazu beitragen, alle Deutschen[203] zu einigen.[204] *Bei der Auswahl der Musik waren infolgedessen keine musikalisch-künstlerischen Gesichtspunkte maßgebend, sondern der „politische Erlebnis- und*

---

[198] Scholl, Inge. In: *Hitlers Kinder von Guido* Knopp, München 2000, S. 75.

[199] Dies war auch die Absicht der Nationalsozialisten, um so nicht mit rationalen Argumenten zu überzeugen, sondern eine Zustimmung durch irrationale Gefühle zu erreichen. Vgl. auch mit den propagandistischen Theorien von Hitler und Goebbels, welche in Kapitel 4.1.1 und 4.1.2 erläutert wurden.

[200] Lothar Scholz wurde 1928 geboren und gehörte der Hitlerjugend im „Dritten Reich" an.

[201] Scholz, Lothar. In: *Hitlers Kinder von Guido* Knopp, München 2000, S. 35.

[202] Vgl. Abschnitt 5.4.4.

[203] Dabei galten die Juden und andere Gegner des NS-Regimes als minderwertig und wurden von der Volksgemeinschaft ausgeschlossen.

[204] Vgl. Günther 1992, S. 149/150.

Begeisterungsgehalt", denn die Musik sollte geistige Widerstandskräfte und Kampfbereitschaft wecken und „zum Quell seelischer Kraft" werden.[205]

Johannes Günther[206], erster Musikreferent für Musik in der Reichsjugendführung sah die Musik als eine der Übermittlerinnen der nationalsozialistischen Weltanschauung. Die Gründe für die *geschlossene Gemeinschaft*[207] in der Hitlerjugend sah er in der engen Zusammenarbeit und Beziehung von „*kultureller Arbeit und politischen Erziehung.*[208] Er vertrat die Meinung, dass *erst in der Einheit von Musikschaffen und Weltanschauung* [...] *diese Kunst ihren Wesenscharakter als sichtbaren Ausdruck des Dritten Reiches* [empfängt]. *Damit wird sie zur Kämpferin für die nationalsozialistische Idee, deren Geist von der HJ immer neu entfacht wird.*[209] Johannes Günther weist hier auf die Tatsache hin, dass die Musikarbeit und nationalsozialistische Ideologie eng miteinander verbunden seien. Es bestehen keine Zweifel, dass eine Trennung von Musik und Politik in der Hitlerjugend nicht beabsichtigt und gewollt war.

Mit dem Krieg verschoben sich die Aufgabenbereiche der Musikarbeit und die Bedeutung, die die Nationalsozialisten ihr beimaßen, verstärkte sich. Ein neues Aufgabenfeld der musikalischen Betätigung lag in der Betreuung der Soldaten, Verwundeten und der „Heimatfront". Die Musik sollte für Entspannung und Freude sorgen und von Problemen ablenken.[210]

Anneliese Friedmann gehörte einer Spielschar an und war von dem Musizieren angetan. Als „Jungmädelschaftsführerin" organisierte sie selbst Kultur-veranstaltungen mit ihrer Gruppe, wie beispielsweise das Singen von Volksliedern auf einem zentralen Platz in der Stadt oder die Aufführung von Theaterstücken in Wirtshäusern, um die Menschen zu erfreuen. Erst im Nachhinein erkennt sie den Missbrauch, den die Nationalsozialisten mit den unkritischen und musikbegeisterten Jugendlichen betrieben:

> *Dieses Musische, verführerisch Verlockende war nur ein Teil des Spiels, das wir, je weiter der Krieg fortschritt, in Lazaretten und auf Weihnachtsfeiern von*

---

[205] Günther 1992, S. 149 f.
[206] Johannes Günther war erster Referent für Musik in der Reichsjugendführung.
[207] Günther, Johannes: *Hier spricht die Jugend: „Die Musik" XXVI/9*, Berlin Juni 1934, S. 672. In: Prieberg 1982, S. 243.
[208] Ebd.
[209] Ebd.
[210] Vgl. Günther 1992, S. 126.

Offizieren auf Heimurlaub aufführten. Für unsere tapferen Frontsoldaten. Für
Führer, Volk und Vaterland.[211]

Friedmann fühlt sich heute als Opfer der nationalsozialistischen Erziehung und
Ideologie. Sie fühlt sich durch die andauernden Einsätze ausgenutzt.

> *Wir hatten Hunger. Doch wir waren motiviert für Führer, Volk und Vaterland.*
> *Wir wurden ideologisch systematisch missbraucht. Freiheit kam als Begriff nicht*
> *vor. Dafür Opferbereitschaft.*[212]

Diese Aussage zeigt, wie stark die Musikarbeit in der Hitlerjugend manche
Jugendlichen ideologisch beeinflusste. Diese konnte sodann ohne Protest von
Seiten der Hitlerjugend-Mitglieder für die Zwecke des NS-Regimes eingesetzt
werden. Dabei stand das Wohl des einzelnen Kindes hinter dem Wohl der
Gesamtheit der Deutschen, was besonders gegen Ende des Krieges offenkundig
wurde. So setzte man musizierende Kinder und Jugendliche der Hitlerjugend zur
Stärkung der Truppenmoral und zur Motivation und Aufheiterung der Soldaten in
unmittelbarer Frontnähe ein.[213] Sogar die weiblichen Jugendlichen trugen auf ihre
Weise zu den Kriegsanstrengungen bei: *Spezialisiert auf Blockflöte und Gesang,*
waren sie bei den Frontsoldaten unendlich beliebt, in erster Linie bei den
verwundeten, denen es, wie es heißt, gleichgültig war, wie schlecht die Mädchen
sangen und spielten, solange sie nur auftraten.[214]

Verantwortlich für diese Einsätze waren jedoch nicht unbedingt die führenden
Persönlichkeiten der Musikabteilung der Reichsjugendführung. So berichtet
Maschmann von ihrem eigenverantwortlichen Handeln, bei dem sie die ihr
anvertrauten Jungen und Mädchen großer Gefahr aussetzte.

> *Offiziere [...] fragten mich eines Tages, ob die Hitler-Jugend bereit sei, etwas*
> *zur Stärkung der Truppen-Moral zu unternehmen. Man habe daran gedacht,*
> *Instrumental- und Singgruppen nachts bis in die Schützengräben vorzubringen*
> *und mit den Soldaten musizieren zu lassen. Das Schicksal Berlins hänge von der*
> *Standfestigkeit dieser Soldaten ab; [...]. Nichts wirke aber ermutigender auf die*
> *Soldaten als eine Begegnung mit Jungen und Mädchen, die noch an einen Sieg*
> *Deutschlands glaubten. Als ich nach der Gefahr fragte, in welche die*
> *Spielscharen sich begeben würden, zerstreuten die Offiziere meine Sorgen. [...]*

---

[211] Friedmann, Anneliese: *Motiviert und missbraucht.* In: *Jahrgang 1926/27 – Erinnerungen an die*
Jahre unter dem Hakenkreuz, hrsg. von Alfred Neven DuMont. München 2009, S. 27.
[212] Ebd.
[213] Vgl. Kater München 1998, S. 274.
[214] Ebd., S. 274.

Nach dem Gespräch forderte ich zwei Spielscharen der Hitler-Jugend aus der westlichen Mark Brandenburg an. [...] Einer unverdienten Güte meines Schicksals danke ich es, dass keinem von den Kindern, [...] dabei ein Unheil geschehen ist. Die Jungen und Mädchen betrachteten diese „Ausflüge" als herrliches Abenteuer.[215]

Einerseits wird in dem Zitat deutlich, welch unverantwortliche Entscheidungen im Hinblick auf das Leben der Hitlerjugendkinder von überzeugten Jugendführern der NS-Ideologie insbesondere gegen Kriegsende getroffen wurden. Günther stellt fest, dass *sich bei den musikpolitischen Führern der HJ als besonderes Kennzeichen die bedingungslose und sogar gedankenlose Ideologiebejahung aus der Kongruenz von Ideologieerwartung und Ideologieerfüllung* [ergab].[216] Dieser Befund scheint auch auf Maschmanns Verhalten zuzutreffen. Der Zweck, die Rettung des gesamten deutschen Volkes, galt als Rechtfertigung dafür, dass das Leben eines einzelnen Kindes aufs Spiel gesetzt wurde. Auch die Bedeutung, die der Musik für den Ausgang des Krieges zugemessen wurde, lässt sich an dem Zitat ablesen. Der funktionale Einsatz von Musik im Krieg, wie ihn Goebbels propagierte,[217] wurde in diesem Fall umgesetzt.

Wie Günther aufzeigt, diente die Musik nicht nur zur Stärkung des Durchhaltevermögens der Soldaten, sondern auch dazu, *die Jugendlichen in dieser schwierigen Zeit zu aktivieren und sinnvoll zu beschäftigen, weltanschaulich zu schulen und unter Kontrolle zu halten. Diese Kontrolle wurde nämlich für die HJ mit zunehmender Dauer des Krieges immer schwieriger.*[218]

5.4 Singen in der Hitlerjugend

Und ich weiß – das mach` ich jetzt nicht mehr, aber noch vor einigen Jahren – wurd` ich so ein bisschen niedergeschlagen, keine Depression, aber doch ein bisschen nach unten, dann hab ich automatisch immer Nazilieder gesungen, dann ist das sofort wieder alles stramm, geradeaus [...]. Das ist mir eine gute Medizin gewesen. Weil diese Lieder in mich eingespritzt worden sind wie eine Droge. Sie wissen, wenn man Heroin nimmt, das bleibt noch einige Jahre im Blut. Und wenn man unter den Nazis aufgebracht worden ist, dann bleiben diese Nazilieder noch für zwanzig, dreißig Jahre im Hirn.[219]

---

[215] Maschmann, S. 173 - 174.
[216] Günther 1992, S. 66.
[217] Vgl. mit Abschnitt 4.1.2.
[218] Vgl. Günther 1992, S. 126.
[219] Prieberg 1982, S. 242.

Dieses Zitat findet sich in einigen Publikationen zum Thema Musik und nationalsozialistische Erziehung wieder.[220] Spratte nimmt es als Beleg dafür, *in welchem hohem Maße gerade auch das Lied [...] als Mittel weltanschaulicher Indoktrination und Manipulation missbraucht werden konnte und wurde,*[221] während Noll es ein Beispiel für die langanhaltende Wirkung des Kindersingens in der NS-Zeit präsentiert.[222] Ungerer vergleicht das Singen von „Naziliedern" im „Dritten Reich" mit einer Droge, die abhängig macht und der in schlechten Zeiten nicht widerstanden werden kann. Das Singen dieser Lieder muntert ihn auch nach Jahren noch auf und vertreibt depressive Stimmungen.

Offen bleibt, was Ungerer unter „Naziliedern" versteht. Möglich wäre, dass er das gesamte im „Dritten Reich" gesungene Liedgut meint. Es könnten darunter aber auch nur die Lieder mit eindeutig erkennbarem nationalsozialistischem Inhalt fallen.

Auch muss Ungerers Schlussfolgerung kritisch überprüft werden. Aus der Tatsache, dass ihn das Singen von in der Kindheit gelernten Liedern aufheitert, schließt er, dass für diese Wirkung speziell das Singen von „Naziliedern" verantwortlich ist. Die Forschungsergebnisse Adameks bezüglich der Wirkung vom Singen auf die physische und psychische Befindlichkeit zeigen, dass Singen generell eine Bewältigungsstrategie des Menschen darstellt. Bei der Befragung der Probanden von Adameks Untersuchung stellte sich heraus, dass Singen mehrfach funktional eingesetzt werden kann und wird.[223] *So wird Singen offenbar zur Bewältigung der Palette möglicher Gefühle genutzt, und zwar sowohl positiver als auch negativer. [...] Bei negativen Gefühlslagen können die Befragten durch ihr Singen offensichtlich ihre Befindlichkeit beeinflussen, die Gefühle integrieren und ihre häufig blockierte Handlungsfähigkeit*

Das Zitat stammt aus einem Interview mit dem elsässischen Zeichner Tomi Ungerer. Das Interview führte Judith Prieberg-Mohrmann am 6. Januar 1981 und war für eine Sendung des Hessischen Rundfunks vorgesehen. Hilfsredaktor Schochmann fand das Interview jedoch zu „entblößend", sodass es nicht gesendet wurde.

[220] Vgl. Prieberg 1982, S. 242; Vgl. Noll, Günther: *Zwischen Kinderweltidylle und Wehrerziehung. Anmerkungen zum Kinderlied in der NS-Zeit.* In: *Kinderliederbücher 1770-2000,* von Barbara Book. Münster 2007, S. 26; Vgl. Spratte, Sebastian: *Die Schulfeier,* S. 133.

[221] Spratte, S. 133.

[222] Vgl. Noll, Günther: *Kinderlieder und Kindersingen in der NS-Zeit.* In: *Lieder in Politik und Alltag des Nationalsozialismus,* hrsg. von Gottfried Niedhart und Georg Broderick. Frankfurt am Main 1999, S. 26.

[223] Vgl. Adamek, Karl: *Singen als Lebenshilfe: Zur Empire und Theorie der Alltagsbewältigung.* Münster 1996, S. 127 ff.

wiedergewinnen.[224] Adamek fasst zusammen, dass Singen gemäß seinen Forschungsergebnissen *eine wirkungsvolle Bewältigungsstrategie* [225] darstellt.

Dieser Befund lässt vermuten, dass Ungerer auch mit anderem biografischen Hintergrund auf das Singen zur Bewältigung von negativen Emotionen zurückgegriffen hätte. Zu klären ist nun die Frage, warum Ungerer gerade die „Nazilieder" singt und weshalb diese Lieder so lange in seinem Gedächtnis präsent geblieben sind.

Auch soll untersucht werden, inwiefern Inhalt und Melodie der gesungenen Lieder Kinder im „Dritten Reich" beeinflusste.

5.4.1   Funktion der Lieder: Indoktrination durch Singen

Für die Lieder gilt, wie auch für die Musik im Allgemeinen, dass sie der Stärkung und Sicherung der nationalsozialistischen Herrschaft und der Vermittlung der NS-Ideologie dienen sollten. Dem Lied kam innerhalb der Musikarbeit in der Hitlerjugend eine besondere Bedeutung zu, da es als Grundlage für alle weiteren musikalischen Aktivitäten galt.[226]

Die folgenden Ausführungen stützen sich auf Nolls Forschungsergebnisse zum „Kindersingen" und zu „Kinderliedern" in der NS-Zeit.[227] Noll weist darauf hin, dass die Nationalsozialisten nicht die Ersten waren, die spezifisches Liedgut *gezielt und* [...] *systematisch zur Vermittlung von Prinzipien, Geboten und Verboten, Ideologien, Doktrinen etc. im Dienste der Festigung des jeweils herrschenden Staatssystems einsetzten* [!].[228] Nur war das Vorgehen des NS-Regimes perfekter und brutaler als das vorheriger politischer Machtsysteme. Die Nationalsozialisten nutzten ohne Skrupel aus, dass das Kind *über eine intensive, ganzheitliche Erfahrungs-, Lern- und Erlebnisweise verfügt* [229] und in der Regel noch keine so ausgeprägte Kritikfähigkeit besitzt, um gewisse ideologisch beeinflussende und manipulierende Absichten zu erkennen und so politischen Machtsystemen wehrlos ausgeliefert ist. So deuteten NS-Erzieher die psychologischen und physischen Wirkungen des Singens auf spezielle Weise und verbanden sie mit den Absichten der nationalsozialistischen Weltanschauung. Dabei machte es keinen Unterschied, welcher Gattung ein Lied zugerechnet

---

[224] Adamek, S. 127
[225] Adamek, S. 231
[226] Vgl. Günther 1992, S. 55; vgl. Schebera, S. 154.
[227] Vgl. Noll: *Kinderlieder und Kindersingen in der NS-Zeit*, S. 116 – 129.
[228] Ebd., S. 116
[229] Ebd., S. 116

wurde. Sowohl das Kinderlied als auch das traditionelle Volkslied wurden für die Zwecke der Nationalsozialisten missbraucht. Alte wie neue Lieder sollten den Kindern *systematische Leitvorstellungen wie „Führer", „Kampf", „Treue", „Gemeinschaft", „Soldatenehre", „Heldentum" und „Tod" emotional vermitteln* [!].[230]

Um „Führerkult" und die „Verherrlichung des Vaterlandes" durch entsprechende Lieder zu vermitteln, konnte man an den Einsatz patriotischer und vaterländischer Lieder zur Verherrlichung von Staat und König bzw. Kaiser früherer Zeiten anknüpfen.[231] Auch der „Heldentod" und das „Soldatentum" tauchten in Liedern aus der Zeit vor 1933 schon vielfach auf, sodass die Nationalsozialisten diese Lieder lediglich zu übernehmen brauchten.[232]

Michael Alt[233] hebt eine von den Nationalsozialisten beabsichtigte Erziehungswirkung des Liedes, insbesondere des Volksliedes – das Bilden einer Volksgemeinschaft – hervor:

> *So bindet das deutsche Lied, vor allem das Volkslied, die singenden Liedträger allemal aus innerer Notwendigkeit zur Gemeinschaft aneinander. Es entspricht also nur der dem deutschen Volksgesang immanenten Form, wenn der Nationalsozialismus ihn bewusst als Mittel der Gemeinschaftsbildung in der Erziehung einsetzt [...] Wenn der Deutsche seine Lieder singt, bekennt er sich zur Gemeinschaft. [...] Aber erst in der nationalsozialistischen Volksgemeinschaft hat* [das Volkslied] *seinen rechten Sinn erhalten* [!].[234]

Hier wird deutlich, welche Funktion dem gemeinsamen Singen zugerechnet wurde. Niedhart schreibt den nationalsozialistischen Liedern eine Mobilisierungs- und Integrationsfunktion zu. Zum einen hatten sie die Aufgabe neue Anhänger zu gewinnen und alte zu bestärken. Zum anderen sollten die vermeintlichen Gegner

---

[230] Ebd., S.128

[231] Ebd.

[232] So finden sich beispielsweise in dem Liederbuch für die höhere Schule „Unser Lied" folgende Lieder, die meist weit vor 1933 komponiert wurden: „Kein seliger Tod" (von Silcher 1836), „Der gute Kamerad" (Friedrich Silcher, vor 1860), „Es leben die Soldaten" (ungefähr 1813) und weitere Weisen und Lieder.
Vgl. *„Unser Lied": Liederbuch für höhere Schulen (Band I),* hrsg. von der Fachgruppe Musik in der Fachschaft II des NSLB München. Augsburg o. J.

[233] Michael Alt war ein deutscher Musikpädagoge und lebte von 1905 bis 1973. Im „Dritten Reich" arbeitete er für die Nationalsozialisten im musikpädagogischen Bereich.

[234] Siehe: Sonderheft der IZfE VIII, H. 5/6 „Schulmusikerziehung der führenden Kulturstaaten" *In: Geschichte der Musikpädagogik - Handbuch der Musikpädagogik (Band 1),* hrsg. von Hans-Christian Schmidt. Kassel 1986, S. 42/43.

und Schwierigkeiten genannt werden, um auf die Rolle der Nationalsozialisten als Problemlöser aufmerksam zu machen.[235]

Niedhart betont die irrationale und gefühlsbeladene Komponente beim gemeinschaftlichen Singen. Das Lied sollte einerseits dazu dienen die Sänger untereinander und in Bezug auf den gesungenen Inhalt emotional zu binden. Diese innere Verbundenheit ermöglichte wiederum die Stärkung des Gemeinschaftsgefühls und die Kinder zu erziehen und zu disziplinieren. [236]

So heißt es denn auch im Vorwort des Liederbuches „Wir Mädel Singen":

> *Und wenn wir auf Fahrt gehen, Kameradinnen treffen, sei es im Norden oder Süden, im Osten oder Westen so wissen wir: durch unsere Lieder, durch unser gemeinsames Liedgut finden wir sofort eine Brücke zueinander, und beim Singen spüren wir: „Wir sind eine große Einheit!"* [237]

Das Ziel, die Zugehörigkeit zu einer großen deutschen Volksgemeinschaft zu verspüren und regionale Unterschiede zu überwinden, sollte also mittels des Liedes überwunden werden.

Auch das spezifisch Artgemäße sollte durch die Lieder verinnerlicht und weitergegeben werden. So sollten Musik und speziell die Lieder die mädchenspezifische Erziehung im „Dritten Reich" mit ermöglichen. Das Singen hatte einerseits den Zweck zur Erholung der Menschen beizutragen, andererseits war es aber auch als Vorbereitung auf die Aufgaben als zukünftige Mutter oder Berufstätige in sozialen Tätigkeitsfeldern gedacht.[238] Schirach forderte von den Frauen insbesondere vom Bund Deutscher Mädel Kulturträgerin zu sein. Auffällig ist jedoch, dass die Mädchen selbst in der soldatisch-rassischen Gemeinschaft, die sie verkünden sollen, nicht vorkommen.[239]

Ein wesentliches Element stellte das Lied auch für die nationalsozialistische Feier dar. Die Feier galt bei den Nationalsozialisten als ein zentrales Erziehungsmittel, da hier eine Beeinflussung der Menschen auf emotionaler Ebene möglich war. *Denn auch hier sollte die nationalsozialistische Ideologie nicht intellektuell*

---

[235] Vgl. Niedhart, Gottfried: *Sangeslust und Singediktatur. Politik und Alltag des Nationalsozialismus,* hrsg. von Georg Broderick und Gottfried Niedhart. Frankfurt am Main 1999, S. 11 f.

[236] Vgl. Ebd.

[237] Reiners, Maria: *Vorwort. In: Wir Mädel singen – Liederbuch des Bundes Deutscher Mädchen,* hrsg. vom Kulturamt der Reichsjugendführung, Wolfenbüttel 1937, S. 3.

[238] Vgl. Niessen, S. 246f.

[239] Vgl. Brade Anna Christine; Rhode - Jüchtern Tilmann: *Das völkische Lied.* Bielefeld 1991,   S. 155 ff.

erfasst, sondern gefühlsmäßig verankert werden. In fast allen Lebensbereichen trachtete man danach, die Ideologie durch feierliche „Inszenierungen" erfahrbar zu machen [!].[240] So auch in der Schule und in der Hitlerjugend durch die Inszenierung alltäglicher „Vorgänge" oder durch Masseninszenierungen.[241]

Die Lieder sollten zum Mitmachen anregen, ein Gemeinschaftserlebnis erzeugen und die nationalsozialistische Ideologie vermitteln. Außerdem hatten sie eine gliedernde Funktion in der Feier. Die Musik konnte beispielsweise als Überleitung dienen.[242] Spratte weist darauf hin, dass *zahlreiche Lieder eine ganz spezielle „liturgische" Funktion [erhielten], da sie nur an ganz bestimmten, immer gleichen Stellen im Feierablauf eingesetzt wurden, so zum Beispiel als Eingangs- oder Schlusslieder.*[243] So bildeten das „Deutschlandlied" (die Nationalhymne) und das „Horst-Wessel-Lied" aufeinanderfolgend immer den Abschluss einer Feier.[244]

5.4.2 Das Liedgut in der Hitlerjugend

Erika Mann charakterisiert das Liedgut der Kinder im „Dritten Reich" 1938 auf diese Weise:

> *Barbarisch* […] *muten uns die Lieder an.* […] *Sie haben alle den gleichen kriegerischen und haßerfüllten* [!] *Charakter, diese Lieder, die man in Deutschland die Kinder lehrt, - aber in vielen ihrer Strophen ist auch das romantisierende Element spürbar, das erst die Mischung aus Rohheit und Herzenskitsch ergibt, wie wir sie als typisch erkannt haben für Hitler und sein Volk.*[245]

Inwieweit diese Charakterisierung zutrifft, soll im Folgenden geklärt werden.

Wie schon in Abschnitt 4.5 erwähnt, griff die Hitlerjugend in vielen Bereichen auf Traditionen der Jugendmusikbewegung zurück. Diese Tendenz ist bezüglich des in der Hitlerjugend gesungenen Liedguts erkennbar. Lieder der Jugendmusikbewegung und andere Lieder aus der Zeit vor 1933 eignete sich die Hitlerjugend ohne Bedenken an und setzte sie für ihre Zwecke ein. Insbesondere das Volkslied wurde für die Umsetzung der ideologischen Absichten der

---

[240] Vgl. Spratte, S. 133.
[241] Vgl. Abschnitt 4.1.
[242] Vgl. Spratte 134-140.
[243] Ebd., S. 139- 140
[244] Vgl. Ebd., S. 139 f.
[245] Mann, Erika: *Zehn Millionen Kinder: Die Erziehung der Jugend im Dritten Reich.* München 1989, S. 149 f.

Nationalsozialisten verwendet. Hier konnte man auf die Bemühungen der Jugendmusikbewegung um die Wiederbelebung des Volksliedes und andere historische Entwicklungslinien zurückgreifen.[246]

So hatte das deutsche Volkslied bereits im 19. Jahrhundert große identitätsstiftende Bedeutung und stand im Ersten Weltkrieg erstmalig radikal unter militärischem Einfluss, was man in Form von Kampfliedern erkennen kann. Bei den Nationalsozialisten erfuhr dies eine Fortsetzung. Ebenfalls bediente man sich auf verdeckte Art bei den Liedern der Arbeiterbewegung und der christlichen Jugendbewegung.[247]

Dadurch entstand als nationalsozialistisches Liedgut *eine Mischung aus politischen und unpolitischen Texten, aus traditionellem Deutschnationalismus und radikalem Rassismus. In* [dem Liedgut] *verbanden sich bündische Jugendtraditionen mit den neuen Werten der Hitler-Jugend und des Bundes Deutscher Mädel.*[248]

Schebera gliedert das nationalsozialistische Liedgut historisch in vier Hauptgruppen.[249] Was er für die erste Phase feststellt, kann auch als bezeichnend für die übrigen Gruppen angesehen werden. So weisen bereits die Lieder aus den Jahren 1920 bis 1926 das *fast völlige Fehlen musikalischer wie textlicher Eigenständigkeit* [als Merkmal auf]. *Stattdessen finden sich massenweise Anleihen, direkte Übernahmen, Umtextierungen und Kontrafrakturen.*[250]

Ein Merkmal für die Auswahl des nationalsozialistischen Liedguts war die politische Verwendbarkeit der Lieder, weniger der ästhetische oder musikalische Wert eines Liedes.[251]

Dabei sollte neben dem kämpferischen und „deutschen" Element das geschlechtsspezifische Merkmal dienen, *das sich bei Jungen im Männlich-Soldatischen, bei Mädchen im Weiblich-Gemütvollen ausdrücke.*[252] Inwieweit dies

---

[246] Vgl. Schreckenberg, Heinz: *Ideologie und Alltag im Dritten Reich.* Frankfurt am Main 2003, S. 274.

[247] Vgl. Rathkolb, Oliver: *Die „Wunderwaffe Musik" im NS-Regime.* In: *Das „Dritte Reich" und die Musik,* hrsg. von der Stiftung Schloss Neuhardenberg in Verbindung mit der Cité de la musique, Paris. Berlin 2006, S. 138.

[248] Ebd., S. 138.

[249] Als Hauptgruppen nennt er: „Frühe nationalsozialistische Kampflieder (1920-1926), „Sturm- und Kampflieder der SA (1926-1933), „Nationalsozialistische Feier- und Bekenntnislieder" (1933-1939) und „NS-Soldatenlieder (1935-1945); Vgl. Schebera.

[250] Schebera, S. 154.

[251] Vgl. Spratte, S. 140.

[252] Günther 1992, S. 41.

in dem BDM-Liederbuch „Wir Mädel Singen" erkennbar ist, hat Brade näher untersucht. Die Lieder des Liederbuches sind nach dem nationalsozialistischen Feierkalender eines Jahres in Themengebieten angeordnet. Es beginnt mit dem Lied „Die Zeit ist reif", was vom Beginn des nationalsozialistischen Jahres zur „Sonnenwende" kündet. Im Anschluss folgen Weihnachts-, Wiegen- und Neujahrslieder, wobei auffällt, dass kein christliches Weihnachtslied aufgeführt ist. Stattdessen findet man das „Weihnachtsersatzlied" der Nationalsozialisten: „Hohe Nacht der klaren Sterne" von Hans Baumann.[253] Überwiegend sind die Themengruppen aus traditionellen Liedern und den nationalsozialistischen „neuen" Liedern zusammengesetzt, wobei der Anteil der traditionellen Lieder mit 145 gegenüber dem des NS-Liedguts mit 58 Liedern eindeutig überwiegt. Der Liedtypus des „Feierliedes" ist mit 39 Liedern in dem Liederbuch vertreten und findet sich in fast allen Themengebieten wieder. Erstaunlich ist, dass in dem Liederbuch kein einziges *„neues" Lied enthalten* [ist], *welches sich konkret mit der Mentalität und Lebenswelt von Mädchen beschäftigt; einzig ihre künftige „rassische Aufgabenstellung" wird mit drei Liedern angesprochen.*[254] Dafür stellte das Liederbuch für die Gestaltung von Heimabenden beispielsweise eine Reihe an traditionellen Wander- und Scherzliedern zur Verfügung. Interessanterweise finden sich aber auch in einem speziell für die Mädchenerziehung gedachten Liederbuch Lieder über „Heldentod", „Soldatentum" und „Kampf". Auf den ersten Blick scheint dies von der NS-Ideologie aus gesehen widersprüchlich. Ein Liederbuch nur mit Wiegen-, Volks-, Feier- und lustigen Fahrtenliedern hätte man für den Zweck der Vorbereitung auf die „Rolle der Frau und Mutter" wahrscheinlich eher erwartet. Brade stellt fest, dass auf diese Aufbruchsstimmung der soldatisch-kämpferischen Lieder anstelle von Marschliedern eine Reihe von Jagdliedern oder Wiegenlieder aufgeführt werden, um die Mädchen wieder auf ihre ideologisch fixierte Rolle zurückzuweisen und keine marschierenden Mädchen zu „erzeugen".[255]

> *Auf die weihevolle Aufbruchsstimmung, auf die Vermittlung eines neuen Lebensgefühls folgt der knallharte Hinweis, worauf sich die Einsatzbereitschaft der Mädchen in Zukunft beziehen muss: auf ihrer zukünftige Rolle als Mutter.*

---

[253] Vgl. *„Wir Mädel singen": Liederbuch des Bundes Deutscher Mädel,* hrsg. vom Kulturamt der Reichsjugendführung. Wolfenbüttel und Berlin 1937.
[254] Brade, S. 158.
[255] Vgl. Brade, S. 157-161.

Das „Artgemäße" der Mädchen darf sich auf keinen Fall an der kämpferischen Aufbruchsstimmung der Jungen beteiligen. Die geweckte Energie sollte in die „artgemäße" Richtung umgelenkt werden.[256]

Vergleicht man die erste Auflage des BDM-Liederbuches von 1936 mit der zweiten Auflage von 1938 fallen nur wenige Veränderungen auf. Obwohl die mädchenspezifische Erziehung ab 1938 noch stärker auf das traditionelle Rollenbild der Frau ausgerichtet werden sollte, was beispielsweise den Zweck des 1938 neu gegründeten BDM-Werks „Glaube und Schönheit" darstellte – sind in dem Liederbuch keine Anpassung an dieses veränderte Rollenbild sichtbar. Die Kampflieder gehörten weiterhin zum Lied-Repertoire der BDM-Mädchen.[257]

Auf die Wirkungen, die dies auf die Mädchen hatte und ob diese der Absicht der NS-Ideologen entsprachen, wird im folgenden Kapitel eingegangen.

5.4.3 Wirkung der Lieder und des Singens im „Dritten Reich"

Das Singen von bestimmten Liedern konnte bei den Jugendlichen starke Gefühle auslösen, wie Gudrun Pausewang in ihrer Kindheit selbst am eigenen Leib verspürte.

Man erlebte schon so etwas wie einen Rausch, wenn man so ein Lied sang und wirklich sich identifizierte. Mir traten da manchmal als jungem Mädchen die Tränen in die Augen, weil ich eben mich als Angehörige dieses wunderbaren Deutschlands empfand.[258]

Pausewang beschreibt, wie absolut sie das Singen erfuhr und wie sehr es sie emotional mitriss. Noll weist darauf hin, dass die *Unmittelbarkeit und Totalität des musikalischen Erlebens beim Singen, seine psychophysische Inanspruchnahme bis hin zur völligen Hingabe – in extremen Fällen bis zur Ekstase und zur Trance [...]*[259] kein spezielles Phänomen des Singens im „Dritten Reich" darstellt, sondern auch heute noch in vielfältiger Weise erfahren werden kann.[260]

---

[256] Brade, S. 159.

[257] Vgl. Ebd., S. 162-163.

[258] Pausewang, Gudrun: In: *Hitlers Kinder,* von Guido Knopp. München 2000, S. 102.

[259] Noll, Günther: *Zwischen Kinderweltidylle und Wehrerziehung. Anmerkungen zum Kinderlied in der NS-Zeit. In: Kinderliederbücher 1770-2000,* von Barbara Book. Münster 2007, S. 23.

[260] Vgl. Ebd.; Noll weist auf die Ureinwohnerkulturen hin, in denen dieses Phänomen auch heute häufig aufzutreffen ist.

Es fällt auf, dass besonders Mädchen von sentimentalen Gefühlen beim Singen von einigen Liedern berichten.[261] Für alle von Niessen interviewten Frauen war das Singen in der Kindheit, unabhängig davon, wo es stattfand, mit positiven Emotionen besetzt. Als Gründe führen die Befragten unter anderem ein durch das Singen hervorgerufenes *positives Körpergefühl* [262] an, eine enge Verbindung von passendem Lied und erlebter Situation, die Gelegenheit durch Singen Freude auszudrücken und besonders auch das *Gefühl von Gemeinschaft, das in Verbindung mit dem Singen auftrat.*[263] Eine tragende Rolle übernahm der BDM in der Verbreitung und Verinnerlichung der Volksgemeinschaft. Brade stellt fest, dass gerade Mädchen diese Aufgabe als Herausforderung begriffen und Erstaunliches leisteten. Das BDM-Liederbuch verdeutlicht, dass die Mädchen in den Liedern ideologisch mit in die rassisch-soldatische Männerwelt einbezogen wurden. Zugleich wurde aber immer wieder auf die „weibliche" Andersartigkeit hingewiesen. Brade vermutet hierin einen Grund für die enge mentale Bindung der meisten Mädchen an die NS-Ideologie. Dies wäre bei einem kompletten Ausschluss der weiblichen Jugend aus der „männlichen" Welt wahrscheinlich nicht so gewesen.[264]

Auf die allgemeine Bedeutung des Gemeinschaftserlebnisses und die Rolle, die der Musik generell dabei zukam, wurde bereits Abschnitt 5.3 eingegangen. Da das Singen als das Hauptfeld der musikalischen Betätigung in der Hitlerjugend gelten konnte, müsste es auf diesem Gebiet des Gemeinschaftserlebnisses im Besonderen relevant gewesen sein. Günther bestätigt, dass die Mehrzahl der „politischen" Lieder, welche im „Dritten Reich" entstanden und gesungen wurden, „Wir-Lieder" waren, die den Kindern schon früh das Erleben eines „stolzen Wir-Gefühls" ermöglichen sollten. Nicht zu unterschätzen sei auch der stimulierende Effekt, den das Singen in der Gruppe auf die einzelnen Sänger hatte.[265] Klusen widerspricht jedoch der Auffassung, dass das Singen als solches schon

---

[261] Beispielsweise berichtet Carola Stern von ihrer Rührung beim Singen des Kehrreims vom Lied über den „Kleinen Trompeter", wo es heißt: „Leb wohl, du kleiner Trompeter, wir hatten dich alle so lieb ..."; Vgl. Stern, Carola: *Doppelleben.* Reinbek bei Hamburg 2004, S. 27.

[262] Niessen, S. 224.

[263] Ebd., S. 224 – 227.

[264] Siehe Brade, S. 156, 164.

[265] Vgl. Günther 1992, S. 154.

gemeinschaftsbildend wirke. Voraussetzung sei eine vorher bereits bestehende Gemeinschaft. Diese könne dann durch Singen gefestigt und verbessert werden.[266] Welchen Einfluss das Singen solch gemeinschaftsstiftenden Lieder insbesondere auf die damaligen Mädchen haben konnten, wird in Carola Sterns[267] Interview „Sonnenblumen und Heldentod" ersichtlich:

> *Ich glaubte einer Gemeinschaft junger Idealisten anzugehören. Wir glaubten alle an den Führer [...] und wir sangen alle die gleichen Lieder. Dieser NS-Staat war ja so etwas wie eine Singediktatur. Es wurde ständig gesungen. [...] Ich habe bis heute [...] ein unbewältigtes Verhältnis zu diesen Liedern. [...] Manchmal frage ich mich, wer eigentlich einen größeren Eindruck auf uns gemacht hat: Adolf Hitler oder Hans Baumann, und ich bin fast geneigt, von Hans Baumann zu sprechen.[268]*

Stern hebt die Wirkung Baumanns Lieder hervor und glaubt von ihnen mehr als von Hitlers Persönlichkeit hingerissen worden zu sein. Somit spricht sie Baumann indirekt eine ziemlich große Verantwortung für die Vereinnahmung der Jugend für die nationalsozialistische Weltanschauung zu, wobei hingegen Baumann selbst sich als Verführter des NS-Systems ansieht.[269] Eine zentrale Rolle für die Musikarbeit in der Hitlerjugend kann Baumann in keinem Fall abgesprochen werden, wie Niedhart aufzeigt. Dies werde schon daran deutlich, dass 12 % der Lieder der „Liederblätter für die HJ" aus Baumanns Feder stammten. Auch Niedhart hebt die spezielle Wirkung Baumanns Lieder hervor, in denen die NS-Ideologie häufig nur verdeckt vermittelt wurde. So ergab sich die nationalsozialistische Wirkung Baumanns Lieder auf die Bevölkerung nicht aufgrund spezifisch nationalsozialistischer Texte. Es kann nicht von einer direkten Indoktrination durch nationalsozialistische Lieder gesprochen werden. Die Indoktrination geschah eher indirekt und unauffällig durch Texte, die allgemein zu dieser Zeit anerkannte Werte und Bräuche, wie zum Beispiel das Soldatentum, verherrlichten.[270]

Günther hebt die irrationale Wirkung hervor, welche die Melodie der Lieder auf die Sänger hatte und eine Reflexion über den Inhalt des Textes verhinderte.

---

[266] Vgl. Klusen, Ernst. In: Niessen 1999, S. 35.
[267] Carola Stern war ehemalige BDM-Führerin. Im Mai 1986 wurde in einer Sendung im Dritten Fernsehprogramm des NDR das Interview mit ihr („Sonnenblumen und Heldentod") gezeigt.
[268] Brade, S. 84.
[269] Vgl. Niedhart 1999, S. 7 ff.
[270] Vgl. Ebd.

Dadurch dass der Text beim Singen immer wieder ausgesprochen wurde und *dabei von der musikalischen Logik des Melodieduktus zwingend geführt wurde, wirkten Text und Inhalt noch intensiver und nachhaltiger, weil irrational sublimiert.*[271] Die in der Regel vorzufindende Entsprechung von Melodie- und Textstruktur wirkten zusätzlich positiv auf das unreflektierte Lernen des Textes hin. Durch die Melodie wurde eine gesteigerte Wirkung des Textes und seinem Inhalt als eigentlichen Ausgangspunkt und Ziel des Liedes erreicht.[272] Das Phänomen des unreflektierten Lernens der Lieder im „Dritten Reich" wird von vielen Zeitzeugen bestätigt. Die Mehrzahl der Jugendlichen machten sich keine Gedanken über den Inhalt der Texte oder nahmen diesen nicht ernst. So wird den meisten Jugendlichen von damals meist erst im Nachhinein bewusst, was sie gesungen haben. Dies wird beispielsweise in den Antworten der Interviewpartner von Knopp und Niessen deutlich.[273] So berichtet Ingeborg Seldte: *Wir haben die Worte übernommen ohne darüber nachzudenken. Wir haben einfach nachgeplappert, was uns vorgeplappert wurde, weil man glaubte, es muss ja richtig sein.*[274]

Niedhart stellt fest, dass das Singen von Liedern unterschiedliche Wirkung auf den Einzelnen hatte. So konnte ein und dasselbe Marschlied beispielsweise bei dem einen ein Gefühl von Bedrohung auslösen, bei dem anderen zur Steigerung des Selbstwertgefühls und des Aggressionspotenzials führen. Im Allgemeinen wirkte das Singen jedoch als emotionales Bindeglied.[275] Stern hebt die emotionale Wirksamkeit und Besonderheit der Lieder hervor, die bei ihr ein kritisches Hinterfragen verhinderte:

> *Wissen Sie, es lagen in all diesen Liedern […] Sonnenblumen und Heldentod nahe beieinander. Es war das Unbestimmte, es war diese Gefühlsseligkeit in diesen Liedern. [...] Aber von „Und haben wir die Treue und sonst nicht auf der Welt", davon konnte man nicht enttäuscht sein, das waren hehre und schöne Gefühle. Und insofern glaube ich, Hitlerjugend bedeutet absolute Ausschaltung des Verstandes und bedeutete Gefühlsseligkeit, die einen daran hinderte, selbstständig zu denken. Mit dieser Gefühlsseligkeit wurde – so widersprüchlich das klingen mag – die Voraussetzung für das geschaffen, was dann später*

---

[271] Günther 1992, S. 154; In Bezug auf die Nachhaltigkeit der Wirkung der Lieder und Texte vergleiche auch mit dem folgenden Kapitel.

[272] Vgl. Günther 1992, S. 154.

[273] Vgl. Niessen; vgl. Knopp, S. 100 – 102.

[274] Seldte, Ingeborg. In: Knopp, Guido: *Hitlers Kinder*. München 2000, S. 102.

[275] Vgl. Niedhart: *Sangeslust*, S. 11-12.

rauskam: Härte, Mitleidlosigkeit, Unempfindlichkeit von 16- und 17jährigen Menschen.[276]

Stern macht hier die Wirkung der Lieder für das sich daraus ergebene teilweise unmenschliche Verhalten der Jugendlichen im „Dritten Reich" verantwortlich. Sie schreibt den Liedern die Ausschaltung des Verstandes zu. Das wiederum hatte eine kritiklose Übernahme der NS-Ideologie zur Folge, die zu Gefühllosigkeit gegenüber von den Nationalsozialisten diskriminierten oder verfolgten Menschen führte. Stern betont auch, dass es gerade die Art des Liedguts war, die die Wirkung der Lieder verstärkte. Diesem stimmt Niedhart zu. Er betont, dass *keineswegs nur angriffslustige Kampflieder gesungen wurden, sondern auch stimmungsvolle Lieder, die die Natur und Idylle beschworen.*[277] Diese Zusammenstellung sorgte dafür, dass die Absicht des NS-Regimes, die hinter dem Singen der Lieder steckte, nicht offensichtlich war. Die Lieder wurden von den Kindern als harmlos und unpolitisch angesehen oder vom Inhalt her nicht ernstgenommen. So berichtet Horst Krüger über seine Befindlichkeit beim Singen des Liedes „Vorwärts, Vorwärts! Schmettern die hellen Fanfaren!"[278]:

> *Es war eine merkwürdige Zeit. […] Die „völkische Erhebung" war ja vorwiegend ein musischer Rausch, der durch Deutschland lief. „Unsere Fahne flattert uns voran! Unsere Fahne ist die neue Zeit!" So übel sang sich das nicht einmal, wenn wir zum Sport durch die Kolonie Grunewald marschierten. Keiner nahm die Worte ernst. Niemand glaubte daran, aber schön klang es schon, musikalisch.*[279]

Der Refrain des Liedes, was die Jungs auf dem Weg zum Sport sangen, endet mit der Zeile: „Ja! Die Fahne ist mehr als der Tod!"[280] Dass die Bedeutung dieses Textes von den Jugendlichen schon aufgrund ihres Alters nicht wirklich erfasst werden konnte, klingt schlüssig. Obwohl die Übereinstimmung mit dem Inhalt oder Überzeugung von der Richtigkeit des Inhalts nicht gegeben war, sangen die Jugendlichen aufgrund der eingängigen Melodie mit. Da der Inhalt des Textes

---

[276] Brade, S. 84.

[277] Niedhart: *Sangeslust*, S. 12.

[278] Den Text des Liedes, was auch unter dem Titel des Refrainbeginns „Unsre Fahne flattert uns voran" oder unter „Unsre Fahne" bekannt war verfasste der Reichsjugendführer Baldur von Schirach höchstpersönlich. Die Melodie stammte von Hans-Otto Borgmann. Das Lied galt auch als das „Lied der Hitlerjugend".

[279] Krüger, Horst: *Das Grunewald-Gymnasium – Eine Erinnerung an die Banalität des Bösen.* In: *Meine Schulzeit im Dritten Reich – Erinnerungen deutscher Schriftsteller,* hrsg. von Marcel Reich-Ranicki. München 1992, S. 43.

[280] Baldur von Schirach: *„Unsre Fahne":* In: *„Wir Mädel singen" - Liederbuch des Bundes Deutscher Mädel,* hrsg. vom Kulturamt der Reichsjugendführung. Wolfenbüttel und Berlin 1937, S. 88 – 89.

nicht reflektiert wurde, prägte sich der Text, ohne das Bewusstsein über seine Bedeutung, automatisch mit der Melodie beim Singen der Lieder ein. Günther bezeichnet diese Art des Liederlernens als mechanisches Einprägen der Lieder. Das Lernen geschah im Regelfall durch Vor- und Nachsingen. Günther weist auf die übliche geringe musikalische Ausbildung beispielsweise junger Jungvolkführer hin.[281] *So werden die meisten Jungvolk-Führer, von denen wohl kaum einer [...] vom Blatt singen konnte, die Lieder die sie auswählten, [...] durch Vor- und Nachsingen gelernt haben, so wie sie es dann auch mit ihren Pimpfen machten, ganz mechanisch, ohne jede inhaltliche Reflexion: Hauptsache es klappte.*[282]

Aus den neueren qualitativen Untersuchungen[283], die im Wesentlichen das narrative Interview als Mittel zur Forschung benutzen, lässt sich die Schlussfolgerung ziehen, dass die Jugendlichen dem Singen von politischen und unpolitischen Liedern emotional positiv und unkritisch gegenüberstanden. Allerdings muss nochmals darauf hingewiesen werden, dass diese Ergebnisse nicht repräsentativ sind, sondern ausschließlich für die Mehrheit der Gruppe der Befragten gelten. Dass es auch Jugendliche gab, für die das Singen keine starke Bedeutung hatte und eher mit negativen Gefühlen in Beziehung gebracht wurde, wird zum Beispiel an der Aussage von Dieter Wellershof deutlich:

Zwar war ich einer der ersten Jungen, die achtjährig schon in der sogenannten Spielschar die Uniform des Jungvolks trug, doch war, was wir machten, abgesehen von lästigem Liedersingen, nur eine schwerfälligere Variante meiner eigenen Spiele, und außer der Uniform, auf die ich stolz war, beeindruckte mich noch wenig daran.[284]

An diesem Zitat wird auch ersichtlich, dass das Singen nur eine mögliche Komponente, neben Uniformen, Wettkämpfen und anderen für die damaligen Jungen und Mädchen reizvollen Dinge, der nationalsozialistischen Erziehung und Beeinflussung der Kinder darstellte. Somit ist Noll zuzustimmen, der das Lied als nur ein Segment gleichgerichteter Erziehungsmaßnahmen innerhalb einer gemeinsamen, übergreifenden Erziehungsideologie bezeichnet. Die

---

[281]Vgl. Günther: *Die Singepraxis im Deutschen Jungvolk.* S. 198.

[282] Ebd.

[283] Ich habe für meine Arbeit insbesondere die Forschungsergebnisse Niessens, Niedharts, Günthers, Knopps und weitere Zeitzeugen-Berichte benutzt, um die Wirkung der Lieder auf die damaligen Jugendlichen festzustellen.

[284] Wellersdorf, Dieter: *Ein Allmachtstraum und sein Ende: In: Meine Schulzeit im Dritten Reich – Erinnerungen deutscher Schriftsteller,* hrsg. von Marcel Reich-Ranicki. München 1992, S. 150.

Verantwortung für die „Verführung" und den „Missbrauch" der Jugend im „Dritten Reich" kann also nicht allein dem Singen zugerechnet werden. [285] Lied und Singen *bildeten nur bestimmte Glieder innerhalb einer gigantischen Erziehungs- und Propagandamaschinerie, waren aber angesichts ihrer emotionalen Kräfte umso wirksamer.*[286]

5.4.4 Langzeitwirkung der Lieder

Viele Zeitzeugen, die ihre Kindheit im „Dritten Reich" erlebten, berichten von einer Langzeitwirkung der Lieder, gegen die selbst bewusstes Verdrängen der Erinnerung nicht hilft. So berichtet Noll von seinen eigenen Erfahrungen und nimmt eine Verallgemeinerung vor, die im Wesentlichen neuen Forschungsergebnisse aus qualitativen Untersuchungen entsprechen: [287]

> *Noch nach fünfzig Jahren stellen sich bei Erwachsenen, die, in den zwanziger Jahren geboren, in die NS-Zeit hineingewachsen sind, quälende Assoziationen ein. Wird ein NS-Lied z.B. in einer Reportage […] genannt oder auch nur diese Zeit thematisch behandelt, ohne dass ein Lied konkret genannt wird, stellen sich plötzlich Text und Melodie einzelner NS-Lieder vor dem inneren Ohr ein und kehren, wie ein Peiniger, sich unaufhörlich wiederholend wieder, bis man sich gewaltsam durch eine andere Musikerinnerung davon befreien kann, wie der Verfasser selbst mehrfach erfahren hat.*[288]

Niessen interviewte für ihre qualitative Untersuchung mehrere Frauen[289], die über ihre Kindheitserlebnisse mit der Musik und speziell dem Singen im „Dritten Reich" berichten. Es fällt auf, dass die meisten der Befragten sich an sehr viele gesungene Lieder erinnern konnten, die ihnen auch ohne Nachdenken manchmal einfallen.[290] So berichtet Frau B.:

> *Manchmal kam mir: „Es zittern die morschen Knochen der Welt vor dem Krieg."* *Ja? Wenn ich heute über die Straße gehe oder hier sitze, fällt mir ja auch manchmal ein Lied ein, einfach so! Einfach so, es ist, das war, weil die Welt so voller Lieder war, meine Welt war voller Lieder.*[291]

Frau B. berichtet von den Schuldgefühlen und dem schlechten Gewissen, das sie empfindet, wenn ihr diese Lieder einfallen. Sie kann sich nicht gegen den Drang,

---

[285] Siehe Noll: *Kinderlieder und Kindersingen in der NS-Zeit*, S. 117.
[286] Ebd., S. 128-129.
[287] Vgl. beispielsweise mit Niessen 1999.
[288] Noll: *Zwischen Kinderweltidylle und Wehrerziehung*, S. 3.
[289] Die Frauen werden nicht namentlich genannt und somit mit Frau A, Frau B usw. bezeichnet.
[290] Vgl. Niessen, S. 132.
[291] Frau B. In: Niessen, S. 132.

diese Lieder zu singen, wehren, auch wenn sie sie in der Rückschau kritisch beurteilt. Erst der Tipp eines jüdischen Psychoanalytikers die Lieder zuzulassen und bis zum Überdruss alleine zu singen, hilft ihr mit ihrer musikbezogenen Vergangenheit zurechtzukommen[292]:

> *Aber sie* [die Lieder] *kommen immer noch hoch, nur denk ich: „Nuja, is halt so! Und wenn dir die Melodie jetzt zum Summen ist, dann summ sie! Du gehst ja nicht in die Schule und bringst das Zeug bei.* [...] *Ich kann wohl sagen, das ich das damals toll fand, aber ich muss heute leben, ja? Aber kommen tun sie immer wieder, immer. Sie quälen mich nicht mehr so.*[293]

Es erstaunt, dass auch Frauen, die nicht unter den Liedern litten und sie über einen langen Zeitraum von vierzig bis fünfzig Jahren nicht mehr gesungen hatten, sich noch sehr genau an Melodie und Text vieler Lieder erinnern konnten, womit die Frauen selbst nicht gerechnet hätten. Dies zeigt sich auch bei Frau G.:

> *Ich hab die* [alten Lieder] *neulich einfach so, welche mir einfielen, aufgeschrieben, also die ich mit Text und Musik und Melodie ohne weiteres wieder reproduzieren könnte, die sich also offensichtlich ganz fest eingeprägt hatten, dass ich sie also sofort wieder präsent hatte.*[294]

Auch Frau E. hat keine Probleme die Lieder zu reproduzieren und ist erschrocken darüber:

> *Mir ist ja heute noch manches wieder aufgekommen, wo ich wirklich 50 Jahre oder mehr* [...] *nicht mehr dran gedacht habe. Hier dieser Text war mir total entfallen, aber als ich ihn dann wieder gelesen hab, war er direkt wieder da. Könnt ich`s Ihnen so wieder auswendig sagen.* [...] *Wie das doch eingebrannt ist, kann man sagen!* [295]

In den Interviews wird auch deutlich, dass die Lieder sich offenbar unterbewusst eingeprägt haben. Frau J. beispielsweise kann sich nach vielen Jahren an den Text erinnern, indem sie nicht bewusst darüber nachdenkt, sondern automatisch einfach weitersingt:

> *Also wissen Sie, das ist witzig! Wenn wir zusammensitzen und singen, dann denke ich immer: „Wie nun wohl der zweite Vers geht?" Aber man hat [den ersten Vers] zu Ende gesungen und holt Luft und dann geht er los.*[296]

---

[292] Vgl. Frau B. In: Niessen, S. 132.
[293] Frau B. In: Niessen, S. 132.
[294] Frau G. In: Niessen, S. 173.
[295] Frau E. In: Niessen, S. 228.
[296] Frau J. In: Niessen, S. 228.

Nun stellt sich die Frage, warum die Lieder sich so gut und tief in das Unterbewusstsein eingeprägt haben und bis heute behalten wurden.

Knopp[297] nennt als eine Ursache die häufige Wiederholung in der Kindheit: *Vor allem die Liedertexte, hundertmal wiederholt, senkten sich tief in die Kinderseelen – so tief, dass die meisten unserer Interviewpartner noch mindestens ein paar Strophen auswendig können.*[298] Noll hebt hervor, dass gerade im Kindesalter die Gedächtnisspuren beim Kleinkind oder Kind die tiefsten seien und Jahrzehnte überdauern.[299] Auch die Interviewpartner Niessens erwähnen neben dem jugendlichen Alter, in dem ihnen das Lernen leicht fiel, und dem ständigen Wiederholen der Lieder im BDM weitere mögliche Ursachen. Zum einen wurde auswendig gesungen, wofür das Behalten des Textes und der Melodie des Liedes Voraussetzung ist. Zum anderen waren Melodie und Rhythmus so beschaffen, dass sie das Denken, Fühlen und Handeln der Singenden suggestiv beeinflussten. Auch waren die Lieder häufig mit starken Gefühlen besetzt.[300] Erwähnenswert ist, dass die damaligen Emotionen beim Singen teilweise auch heute noch beim Erinnern derselben Lieder ausgelöst werden. So berichtet beispielsweise Frau G. von ihrer Machtlosigkeit gegenüber ihrem Unterbewusstsein, sodass sie sich nur mit ihrem Verstand der emotionalen Vereinnahmung widersetzen kann:

> *Und wenn ich sie heute -, als ich sie da aufschrieb, und ich hatte die Melodien wieder präsent, da war wieder was Gefühlsmäßiges in mir, wo ich mich nur mit der Ratio gegen wehren kann, ja? Das schleicht sich da irgendwo ein.*[301]

Auch der Historiker Günther reflektiert seine eigenen Erfahrungen aus der Jungvolk-Zeit. Er kann nach 57 Jahren noch 100 Lieder wiedergeben. Die Gründe dafür sieht er in einer dem vorpubertären Alter entsprechend guten Merkfähigkeit und in der die Texte bindende Melodie. Zudem wirkten sich wahrscheinlich die nicht stattfindende Reflexion beim Lernen der Lieder und der Erlebniszusammenhang positiv auf die Leistung seines Gedächtnisses aus.[302]

---

[297] Knopp führte Interviews mit ehemaligen Mitgliedern der Hitlerjugend durch und hielt seine Ergebnisse in „Hitlers Kinder" fest.
[298] Knopp 2000, S. 102.
[299] Vgl. Noll, Günther: *Kinderlieder und Kindersingen in der NS-Zeit*, S. 117.
[300] Vgl. Niessen, S. 229 f.
[301] Frau G. In: Niessen, S. 173.
[302] Vgl. Günther, Ulrich: *Lieder und Singepraxis im Deutschen Jungvolk. In: Lieder und Politik im Alltag des Nationalsozialismus*, hrsg. von Gottfried Niedhardt; Georg Broderick. Frankfurt am Main 1999, S. 201.

5.5 Instrumentalmusik in der HJ

1936 fasste Stumme die Aufgaben der Musikerziehung folgendermaßen zusammen:

> Unser Volk soll bis zum letzten Mann mit uns die neuen Lieder des Volkes singen.
> Wir wollen die musikalisch besonders begabten und interessierten Jungen und
> Mädel in Spielscharen zusammenfassen und mit ihrer Hilfe eine neue lebendige
> Pflege der Kammer- und Hausmusik erreichen. Wir wollen durch das Anhören
> der großen deutschen Meisterwerke aller Zeiten zur Ehrfurcht vor der großen
> Schöpfungsgnade führen.[303]

An erster Stelle nennt Stumme das Singen des Liedguts der nationalsozialistischen Bewegung, wobei hierzu nicht nur die neuen politischen Lieder, sondern zum Beispiel auch Volkslieder und andere traditionelle Weisen zählen.[304] Diese Art von Indoktrination durch das Lied sollte auf alle Angehörigen des deutschen Volkes wirken, während die zweitgenannte Aufgabe, das instrumentale Musizieren, nur einen Teil der Jugendlichen, aber auch Erwachsenen betraf. Als ein weiteres Anliegen nennt Stumme das Erreichen einer Würdigung der Werke großer deutscher Komponisten. Auch das Bewusstsein von der Güte des deutschen Kulturguts sollte seinen Beitrag dazu leisten, dass sich die Deutschen als überlegen gegenüber anderen Nationen, Völkern oder „Rassen" definieren und fühlen konnten.

Die Hauptfunktion der Instrumentalmusik in der Hitlerjugend sieht Günther in der Mitwirkung der Musikeinheiten bei Feiern und *neugermanischen Nazi-Festen*[305] aller Art, welche von der NSDAP das ganze Jahr über veranstaltet wurden.[306] Dabei diente die Instrumentalmusik hauptsächlich als formal-gliederndes Element oder zur Ausschmückung der Feier. Weitere Aufgaben sind in der Erzeugung einer feierlichen Atmosphäre, der „Untermalung" von Ritualen oder als Begleitung der gemeinsam gesungenen Lieder zu sehen.[307] Zu den Aufgaben der Feiergestaltung treten während des Krieges noch seelische Betreuungsaufgaben, die die Jugend als Vermittler der Kunst übernehmen sollte, auf die Musikeinheit-Mitglieder hinzu.[308]

---

[303] Stumme, Wolfgang: In: Günther 1992, S. 54.
[304] Vgl. Kapitel 5.5.
[305] Kater: *Die mißbrauchte Muse*, S. 270.
[306] Vgl. Ebd., S. 270.
[307] Vgl. Spratte, S. 141 f.
[308] Vgl. Kapitle 5.3.

Spratte legt dar, nach welchen Prinzipien die Auswahl der Instrumentalmusikvorgenommen wurde. Zum einen war entscheidend, dass die Stücke der nationalsozialistischen Weltanschauung entsprachen, also den Gestus des Heldische, Aufrechten und Soldatischen verkörperten und zum anderen mussten die Rahmenbedingungen berücksichtigt werden, an die Musikeinheiten gebunden waren. Die Stücke sollten für ein gutes Spiel für die jeweilige Besetzung und Spielfertigkeit der Instrumentalisten geeignet sein,[309]da ein *allzu unbefriedigendes künstlerisches Niveau die Gefahr in sich* [barg], *der Intention der Feierinszenierung entgegenzuwirken* [!].[310] Es gab einen weiteren Grund für die Auswahl von eher leichteren, nicht zu anspruchsvollen Stücken in der Feier. Die Instrumentalmusik sollte die Feiernden nicht zu kognitiver Auseinandersetzung mit der Musik anregen oder durch eine zu starke Eigenständigkeit vom eigentlichen Feiergeschehen ablenken. Somit durfte die Musik *keine allzu hohen Ansprüche stellen, weder an den Musiker, noch an den Hörer.*[311] Auch solistische Auftritte waren bei der musikalischen Feiergestaltung eher unerwünscht, da sie dem Ideal der Gemeinschaft widersprachen. Dies führte zu einem Ausschluss der musikalischen Moderne, die als zu komplex und unverständlich galt und zu einer Förderung von Kompositionen der Sing- und Spielmusiken im neobarocken und neoklassizistischen Stil. Generell verboten war die Musik jüdischer Komponisten und als „entartet" geltende Musik. Aufgrund der Bedeutung der Feier und des vorhandenen Bedarfs an passender Instrumentalmusik entstanden im „Dritten Reich" eine Vielzahl von Feiermusiken. Diese gehörten meist der Gattung des „Instrumentalvorspiels" oder vor allem der „Feierkantate" an, welche eine in sich geschlossene Feierstunde darstellte.[312] Die Reichsjugendführung veröffentlichte im „Dritten Reich" über die losen „Musikblätter der Hitler-Jugend" zahlreiche dieser Kompositionen.

Die Musikeinheiten der Hitlerjugend umfassten viele musikalischen Gruppen, wie beispielsweise Chöre, Singscharen, Orchester, Instrumentalgruppen, Bläserkameradschaften, Musikzüge, Spielmanns- und Fanfarenzüge oder Rundfunkspielscharen. Dabei wurden die Musikeinheiten einer von drei Leistungsstufen zugeordnet. Zur höchsten Stufe gehörten die besten Jugendchöre

---

[309] Vgl. Spratte, S. 141 f.
[310] Ebd.
[311] Vgl. Spratte, S. 142.
[312] Vgl. Spratte S. 141-143.

und -orchester, welche zum Teil von der Hitlerjugend selbst gegründet worden waren, wie die Rundfunkspielschar, oder von der Hitlerjugend übernommen wurden, wie beispielsweise die „Thomaner" und „Kruzianer." Die Zugehörigkeit zu einer bestimmten Leistungsstufe wurde von der Reichsjugendführung entschieden, die auch für die Bereitstellung von finanziellen Mitteln für Noten, Instrumente, musikalische Ausbildung und Konzertreisen zuständig war.[313]

Der Wettkampfgedanke[314], welcher das Geschehen in der allgemeinen Hitler-Jugend maßgeblich bestimmte, fehlte auch auf dem musikalischen Gebiet nicht. *Im „musischen Wettstreit" kämpften Chöre, Spielmannszüge, Kammerorchester und Laienspielgruppen der HJ ebenso wie junge Sänger, Instrumentalisten, Bildhauer, Graphiker und Dichter um den Ruhm der glanzvollsten Leistung*[315]. Maschmann sieht diesen im Vordergrund stehenden Leistungsgedanke als vorwiegend hinderlich für die musikalische Weiterentwicklung der Musikgruppen als Ganzes und der einzelnen Mitglieder an, da der *ständige Kampf um die Leistung […] schon in Friedenszeiten ein Element der Unruhe brachte […]. Er fing den jugendlichen Aktionsdrang nicht nur auf, er fachte ihn an, wo es sinnvoller und notwendiger gewesen wäre, dem einzelnen in seiner Gruppe und der Gruppe als Ganzem Zonen einer behüteten inneren Reifungs- und Entfaltungsmöglichkeit zu schaffen.*[316]

Die Qualität der Musikpflege in der Hitlerjugend hebt Maschmann positiv hervor, kritisiert aber gleichzeitig, dass *oft genug das Element der Besinnung: die spielerische Entfaltung zweckfrei schaffender Phantasie zu kurz kam [!]*[317]. Maschmann hinterfragt leider nicht weiter, welche Gründe dies gehabt haben könnte. In den vorangehenden Kapiteln ist deutlich geworden, inwieweit die Nationalsozialisten vorhatten, die Musik für die Erziehung der Jugendlichen funktional einzusetzen. Jede Art von musikalischer Förderung oder Betätigung in der Hitlerjugend hatte einem bestimmten Zweck zu dienen. Die Musik sollte dazu beitragen, die Jugendlichen im nationalsozialistischen Sinne zu „formen" und „manipulieren", sie sollte ablenken, mitreißen und begeistern. Besinnung oder Entfaltung der individuellen musikalischen Persönlichkeit waren nicht Ziel der

---

[313] Vgl. Günther 1992., S. 58f.

[314] Vgl. Maschmann, S. 12/153: Dem Wettkampfgedanken lag *die Verherrlichung des Kämpfers, des Heldischen zugrunde.*

[315] Maschmann, S. 152f.

[316] Maschmann, S. 152/153.

[317] Ebd.

NS-Musikpädagogik. Das von Maschmann geforderte „zweckfreie" Musizieren kam wahrscheinlich aus dem Grund „zu kurz", weil es von den Nationalsozialisten gar nicht erwünscht war. Die Jugendlichen sollten permanent in Aktion sein und nicht zur Ruhe kommen, um Nachdenken und kritisches Hinterfragen gar nicht erst aufkommen zu lassen.

In der Instrumentalmusik der Hitlerjugend kam eine besondere Bedeutung der Blasmusik zu. Sie konnte auf keine Traditionen in der Jugendmusikbewegung zurückgreifen und wurde von Helmut Majewski in Bewegung gesetzt und weitergeführt. Günther hebt die imponierende Organisation und das Streben nach einem höheren musikalischen Niveau als bemerkenswert hervor. So gab es 1944 allein 140 Fanfarenzüge des Jungvolks mit 25.000 Bläsern.[318] Diese Masse an Blasmusikern konnte dann auch für die passende Atmosphäre bei Massenveranstaltungen, wie dem Reichsparteitag 1938, sorgen. Hier erschienen 85.000 HJ-Mitglieder, *unter ihnen rund tausend Trompeter und Trommler und siebenhundert zusätzliche Musiker. Zwischen den Reden traten Virtuosen der HJ auf, ihre Chöre führten das gemeinsame Singen an, und zum besonderen Nachdruck gab es Fanfaren.*[319]

Es stellt sich die Frage nach den Beweggründen eines Jugendlichen im „Dritten Reich" zum Eintritt in eine Spielschar. Im Unterschied zur allgemeinen Hitlerjugend, die sportlich-soldatisch ausgerichtet war, fand sich eine solche Orientierung in der Spielschar nicht wieder. Die Mitgliedschaft in einer der Spielscharen befreite die Kinder vom Dienst in der allgemeinen Einheit der Hitlerjugend. Auf diese Weise konnte sich auch Martin Gregor-Dellin der allgemeinen Hitlerjugend entziehen: *Den Dienst im Jungvolk ersetzte ich auf die geschickteste Art durch das Musizieren. [...] Ich trat der Spielschar bei. So viele Cellisten gab es nun wirklich nicht und mit den Jahren eroberte ich mir einen Platz am ersten Pult des kleinen Orchesters. Statt Heimabend und Märschen: Hayden,, Mozart, Telemann und Stamitz.*[320] In den Musikeinheiten herrschte oft

---

[318] Vgl. Günther 1992, S. 59.

[319] Majewski, Helmut: *„Blasmusik auf dem Reichsparteitag 1938"*, (Aus: Musik und Jugend im Volk1 (1937-38), S. 547f.) In: Kater 1998, S. 272.

[320] Gregor-Dellin, Martin: *Die Angst vor dem befremdlichen „Anderen".* In: *Meine Schulzeit im Dritten Reich – Erinnerungen deutscher Schriftsteller*, hrsg. von Marcel Reich-Ranicki. München 1992, S. 184.

ein freierer und lockerer Umgangston als in der normalen Hitlerjugend. Auch die Trennung von weiblichen und männlichen Jugendlichen wurde hier aus musikalischen Gründen aufgehoben. Künstlerisch-sensible Kinder empfanden diese Musikeinheiten häufig als Zufluchtsstätte, da sie hier Anerkennung für ihre Fähigkeiten und ihr Talent fanden.[321]

5.6 Die Verantwortung der Musikerzieher in der Hitlerjugend

Spricht oder sprach man die Verantwortlichen für die Musikarbeit in der Hitlerjugend und die Mitbeteiligten auf ihre Tätigkeit an, so wird ein politischer Hintergrund ihrer im „Dritten Reich" geleisteten Arbeit oft zurückgewiesen.[322] Die für die Musikarbeit in der Hitlerjugend Verantwortlichen behaupteten nach 1945, *dass sie es mit der Musik als einem apolitischen Gegenstand zu tun gehabt hätten. Die Musik sei für sie ein Gegengewicht und sogar ein Schutz gegenüber der ideologischen Beeinflussung gewesen.*[323]

Kater widerspricht dem vehement. Er nennt zunächst als oberstes Ziel der Nazis die *Produktion von Helden für den Kampf in den Offensivkriegen Nazi-Deutschlands und von deren künftigen Gefährtinnen.*[324] Die Musikarbeit in der Hitlerjugend sei auf dieses Ziel ausgerichtet und der erzieherische Ansatz kumulativ gewesen:

> *HJ-Führer begannen damit, den Jungen das Spielen martialischer Fanfaren auf der Trompete beizubringen, und schickten die schließlich in die Wehrmacht oder die Waffen-SS, um gegen den Feind zu kämpfen. Musikerzieher hatten beharrlich diese Ziele und die Methoden für ihre Verwirklichung im Auge: Genau dafür waren sie in den Akademien von Berlin, Weimar und Graz geschult worden.*[325]

Diese Behauptung kommt einer pauschalen Verurteilung aller Musikerzieher gleich. Wie in Abschnitt 5.4 gezeigt, trifft es nicht zu, dass die Leiter der

---

[321] Vgl. Günther, S. 59.

[322] Hierzu gehören beispielsweise Fritz Jöde (s. Kapitel 4.4), Hans Baumann, weitere HJ-Komponisten und im musikpädagogischen Bereich der Hitlerjugend tätigen Persönlichkeiten. Baumann kam nach Gottfried Niedhart in seiner Funktion als führendem Liederschreiber im „Dritten Reich" eine bedeutende Rolle bei der Errichtung und Etablierung des NS-Regimes zu. Gegen Ende des „Dritten Reiches" bis in die 1950er Jahre machte Baumann eine Schaffenspause und startete dann eine erfolgreiche Karriere als Schriftsteller. Seine Lieder, die oft keinen nationalsozialistischen Hintergrund vermuten lassen, finden sich auch heute noch in vielen Liederbüchern.
Vgl. Niedhart, Gottfried; Broderick, Georg (Hrsg.): *Lieder in Politik und Alltag des Nationalsozialismus.* Frankfurt am Main 1999, S. 7 - 11.

[323] Günther 1992, S. 65.

[324] Kater 1998, S. 272.

[325] Ebd.

Musikabteilungen generell mit der Absicht die NS-Ideologie zu übermitteln tätig waren. Auch stammten viele von ihnen besonders in der Anfangsphase aus der Jugendbewegung und hatten keine speziell nationalsozialistisch ausgerichtete Musikausbildung genossen.

Günther stimmt der Aussage der ehemaligen „Musikführer" ebenfalls nicht zu, nimmt aber eine differenziertere Betrachtung als Kater vor. Er weist darauf hin, dass die Behauptung der Verantwortlichen für die Musikerziehung allenfalls für die Anfangsphase und auf Einzelne zutreffen konnte. Beispielsweise wurde das Musizieren in einer Musikeinheit von den Jungen und Mädchen als weitgehend ideologiefreie und angenehme Betätigung erlebt, die auch die Möglichkeit zum Rückzug aus der soldatisch-kämpferisch geprägten allgemeinen Hitlerjugend bot. So äußert sich auch Erhard Eppler positiv über seine Erlebnisse in der Spielschar: *Wir haben* [in der Spielschar] *viel gesungen, vor allem alte Madrigale. Und Theater gespielt,* [...]. *Wir waren erstaunlich frei, exerzierten nicht, hielten auch keine „Heimabende"* [...].[326] Eppler ergänzt jedoch, dass „*der Preis für unsere Freiheit* [...] *die Pflicht* [war], *bei Parteifeiern zu musizieren und zu singen.*[327] Anhand dieses Zitats wird deutlich, was generell für die Musikarbeit in der Hitlerjugend zutraf. Das Musizieren wurde von den Beteiligten mehrheitlich als apolitischer Tätigkeitsbereich wahrgenommen, obwohl *die Musikarbeit in der HJ objektiv gesehen niemals und nirgends außerhalb des politisch-ideologischen Rahmen stand* [!].[328]

Die Tatsache, dass eine politische Absicht meist nicht vermutet wurde, musste den Nationalsozialisten zugesagt haben. Goebbels Vorstellung von der subtilen Beeinflussung der Bevölkerung erfüllte sich auf dem Gebiet der Jugendmusikerziehung im Wesentlichen: *Selbstverständlich hat die Propaganda eine Absicht, aber die Absicht muss so klug und so virtuos kaschiert sein, dass der, der von dieser Absicht erfüllt werden soll, das überhaupt nicht merkt.*[329]

---

[326] Eppler, Erhard: *Nischen.* In: *Jahrgang 1926/27 – Erinnerungen an die Jahre unter dem Hakenkreuz.* hrsg. von Alfred Neven DuMont, München 2009, S. 16.
[327] Ebd.
[328] Günther 1992, S. 65.
[329] Goebbels, Joseph: *Ansprache an die Intendanten und Direktoren der Rundfunkgesellschaften am 25.3.1933.* (Aus: Goebbels-Reden. Band 1: 1932-1939 hrsg. von Helmut Heiber, Düsseldorf 1971, S.82-107) In: *Das Goebbels-Experiment,* hrsg. von Lutz Hachmeister und Michael Kloft, München 2005, S. 95.

Die Kenntnis der Ziele und Stärke der realen ideologischen Beeinflussung, welche durch die musikerzieherische Tätigkeit in der HJ auf die Jungen und Mädchen ausgeübt wurde und von ehemaligen Mitgliedern beschrieben wird, lässt einen Freispruch der Musikarbeit der Hitlerjugend von der Verantwortung, die Jugendlichen auf Krieg eingestimmt zu haben, nicht zu. Günther fasst treffend zusammen, dass die Musikerziehung in der Jugendformation der NSDAP *letztlich weder der Musik noch den Menschen, wie sie vorgab und wie manch einer auch gemeint haben mag, sondern der Politik und Ideologie* [diente].[330] An den Zeitzeugenerinnerungen kann der Erfolg dieser Absicht abgelesen werden. Dabei könnte eine Erklärung für die fehlende individuelle Kritikfähigkeit der im „Dritten Reich" aufgewachsenen Kinder darin liegen, dass sie nie die Möglichkeit hatten dergleichen kennenzulernen. Sie hatten gelernt zu gehorchen ohne Nachzufragen und weder Meinungsfreiheit noch individuelle Wahlfreiheit auf verschiedenen Gebieten erfahren.

Auch der Einsatz des Verstandes als Zugang zur Musik wurde im „Dritten Reich" nicht gefördert, was zur Folge hatte, dass die Bewertung musikalischer Erlebnisse oft nur auf emotionaler und irrationaler Ebene erfolgte. Im Allgemeinen trat in der Musikarbeit auch der individuelle Aspekt in den Hintergrund, da sowohl in der Hitlerjugend als auch im schulischen Musikunterricht das Erleben im Vordergrund stand. Günther folgert treffend, dass *auf diese Weise* [...] *Objektivierung und Distanzierung als Voraussetzung reflektierender Erkenntnisse gar nicht möglich* [waren].[331]

Dieser Ansatz kann eine Erklärung für das Verhalten von im Nationalsozialismus aktiven jungen Menschen wie Anneliese Friedmann oder Melita Maschmann bieten. Auf ältere Personen, die die Weimarer Republik noch miterlebten, kann diese Argumentation nicht angewendet werden.

Die Ursachen für das Nicht-Erkennen, Nicht-Wahrhaben-Wollen oder Ignorieren der politischen Agitation als musikalischer Führer oder Referent der Hitlerjugend sind verschieden. Als Motive für die Mitarbeit können der Wunsch zur Selbstverwirklichung in der Musikarbeit, Karriereinteressen, private Interessen,

---

[330] Günther 1992, S. 66 f.
[331] Ebd., S. 156.

Idealismus, Überzeugung von der NS-Ideologie etc. gelten.[332] Diese Motive können nur eine mögliche Erklärung für die Beweggründe des Verhaltens der führenden Persönlichkeiten in der Musikarbeit bieten. Eine Rechtfertigung oder gar ein Freispruch von der Verantwortung, die sie gegenüber den Jugendlichen trugen, ergibt sich hieraus nicht.

6 Fazit

Als Ergebnis der Arbeit ist festzuhalten, dass die Musik, besonders durch das Singen von Liedern im „Dritten Reich" zur ideologischen Beeinflussung der Bevölkerung insbesondere der Jugend funktional eingesetzt wurde. Die Voraussetzung für die geleistete Musikarbeit in der Hitlerjugend war die Vorarbeit, die in der Jugendmusikbewegung und anderen Organisationen geleistet worden war, an die die Nationalsozialisten anknüpfen konnten. Der funktionale Einsatz der Musik geschah häufig auf eine sehr versteckte Weise, sodass die ideologische Beeinflussung von den Betroffenen oft nicht bemerkt und auch nach 1945 nicht erkannt wurde. Auch im Rückblick wird die kulturelle Arbeit in der Hitlerjugend von vielen als positiv und unpolitisch eingestuft. Die Verbrechen, die unter dem NS-Regime geschahen, können mit den eigenen positiven Erlebnissen im „Dritten Reich" nur schwer in Zusammenhang gebracht werden. Die Befragten von Knopps Untersuchung erinnern sich nur an wenige Beispiele des Unrechts, wogegen die positiven Erinnerungen sich nachhaltig eingeprägt zu haben scheinen. So berichten besonders die Mädchen von der Zeit im „Dritten Reich" als „schöne" Zeit, wenn nicht sogar von der „schönsten" Zeit ihres Lebens. Eine Reflexion gelingt nur in Verbindung mit der Offenbarung der Schrecken und Verbrechen der nationalsozialistischen Regierung nach dem Krieg.[333] Das Erleben beispielsweise synchroner Massengymnastik, welche im BDM-Werk „Glaube und Schönheit" ausgeführt wurde, erlebte Annemarie Strasosky als sehr positiv: *Ich war auch in „Glaube und Schönheit". Man schwärmt ja heute noch davon. Das war ein ästhetischer Genuss, wenn dann mehrere hundert Mädchen [...] alle*

---

[332] Vgl. beispielsweise mit Abschnitt 4.4: Jödes oder Stummes Motive für die Mitarbeit in der Musikarbeit der Hitlerjugend.
[333] Vgl. Knopp, S. 100-102.

gleichzeitig diese Bewegungen machten. Also was war eigentlich schlecht daran?[334]

Auch im Nachhinein kann sie keine negativen Seiten an solchen Erlebnissen entdecken. Ähnlich wie Maschmanns Aussage über positive Seiten der Musikarbeit in der Hitlerjugend im Anfangszitat[335] betrachtet auch Strasosky ihre positiven Erlebnisse im BDM-Werk unabhängig von den dahinterstehenden Absichten – der ideologischen Vereinnahmung und Formung der Jugend im Sinne der nationalsozialistischen Weltanschauung – des NS-Regimes. Knopp deutet diese Art von Jugenderinnerung, in der isolierte, unverfängliche Ereignisse geschildert werden, als Erklärung eigener Ohnmacht. Sie trifft auf die Erinnerung vieler zu, die ihre Kindheit und Jugend im „Dritten Reich" erlebten.[336] Weder gymnastische Übungen noch das Singen von Volksliedern oder das Spielen von Musikstücken großer deutscher Komponisten an sich ist als „schlecht" zu bezeichnen. Nur muss man berücksichtigen, welcher Zweck hinter all dem, was die Hitlerjugend den Jungen und Mädchen bot, stand.

In der Arbeit ist deutlich geworden, dass gerade über irrationale und emotionale Erlebnisse die Beeinflussung der Jugendlichen leicht fiel. Die Absage an das rationale Denken und der Appell an das subjektive Empfinden verhinderte zumeist kritisches Hinterfragen und das Aufkommen von Zweifeln. Das Erleben einer Gemeinschaft häufig in Verbindung mit musikalischen Tätigkeiten und Erlebnissen wird von den meisten Jugendlichen auch heute noch als besonders positiv hervorgehoben. Es wird im Nachhinein oft nicht erkannt, dass die Gemeinschaft nicht zwangsläufig mit nationalsozialistischer Erziehung und Politik zusammenhängt. Dies trifft auch auf Maschmann zu, wie Grebig aufzeigt.

Es geht bei [der nationalsozialistischen] Weltanschauung […] nicht um Inhalte, sondern um Haltungen und um die Bereiche des „Erlebens". Da merkt Melita Maschmann auch im Rückblick nicht, dass das, was sie im „Dritten Reich" Glück nannte – die Zugehörigkeit zu einer Gemeinschaft, die Führung von Menschen, nicht unabdingbar mit dem Nationalsozialismus zusammenhing. Während die Haltungen also feststehen, werden die Inhalte beliebig.[337]

---

[334] Strasosky, Annemarie. In: Knopp 2000, S. 106.
[335] Siehe Einleitung.
[336] Knopp, S. 107.
[337] Grebig, S. 249.

Nun stellt sich die Frage, inwieweit der funktionale Einsatz der Musik im Nationalsozialismus nach dem Zweiten Weltkrieg reflektiert wurde und aus den Erkenntnissen entsprechende Konsequenzen für den Umgang mit dem Medium Musik gezogen wurden. Helms konstatiert jedoch, dass zunächst keine tiefgreifende Veränderung zu erkennen war.[338]

> *Und doch ist dies das eigentliche Verblüffende, so wie das Jahr 1933 keine wirkliche Zäsur bringt, so ergibt sich diese nach 1945 ebenfalls nur vordergründig. Anstatt die Verführung durch den Nationalsozialismus zu analysieren und zu verarbeiten, verdrängt man die Erfahrungen weithin; wobei es zu bemerken gibt, dass dieses Verdrängungsphänomen generell wirksam ist.*[339]

Dass der Missbrauch der Musik, speziell des Singens und der Volkslieder, im „Dritten Reich" zumindest in den ersten fünfzehn Jahren nur ungenügend reflektiert und erkannt wurde, lässt sich an Aussagen bedeutender in der Anfangszeit der Bundesrepublik aktiver Politiker ablesen. So äußerte sich der ehemalige Bundespräsident Dr. h.c. Heinrich Lübke von der CDU 1962 bei der Jahrhundertfeier des Deutschen Sängerbundes folgendermaßen über die Bedeutung der Musik:

> *Keine Musikkultur wird auf die Dauer gesund bleiben, wenn sie nicht aus den ursprünglichen Quellen des Volkstums gespeist wird. Man kann deshalb unserer zeitgenössischen Kunstmusik nur wünschen, dass sie im ganzen mehr Anschluss an das Denken und Fühlen der Bevölkerung in Stadt und Land findet. Wenn die Melodie die Seele der Musik ist, dann darf die aus unserer Muttersprache geschaffene Melodik, die dabei landsmannschaftlich noch vielfältig geprägt ist, unserem Musikleben nicht verlorengehen.*[340]

Allein die Forderung nach einer „gesunden" vom Volk ausgehenden Musikkultur ruft Assoziationen mit nationalsozialistischen Äußerungen zur Musik hervor. Lübke liest zudem den Zustand des deutschen Volkes an der bestehenden Gesangskultur ab: *Es scheint mir bezeichnend für die innere Verfassung unseres Volkes zu sein, dass es bei uns noch nicht wieder zu einem neuen vaterländischen Singen gekommen ist.*[341] Diese Kritik am fehlenden „vaterländischen Singen" mit dem Verweis auf frühere Zeiten wird von Prieberg als Bezugnahme auf das „Dritte

---

[338] Vgl. Hopf, Helmut: *Zur Geschichte des Musikunterrichts. In: Handbuch der Schulmusik.* Regensburg 1985, S. 25.

[339] Hopf 1985, S. 25.

[340] *Hundert Jahre Deutscher Sängerbund (Bulletin des Presse- und Informationsamtes der Bundesregierung Nr. 135, 26. Juli 1962, S. 1162).* In: Prieberg 1991, S. 32.

[341] Ebd.

Reich" gewertet. Er deutet darauf hin, dass der Eindruck einer ähnlichen ebenso zweckmäßigen Zugangsweise der Politik zur Musik entstehe: *Das verräterische „noch nicht wieder" hätte nicht gesagt werden dürfen. Wann denn zuvor in Deutschland war „vaterländisches Singen" hoch im Kurs, wenn nicht im Regime Hitlers? Dort brauchten sie dergleichen Musik. Brauchte die Republik etwa eine ähnliche?*[342]

Das „wieder" könnte aber auch als Hinweis auf die Zeit vor 1933 und die Förderung des Volksliedes durch die Jugendmusikbewegung gemeint sein.

Auch die Erzeugung einer Wehrbereitschaft und soldatisch-kämpferischen Einstellung durch das Lied war zumindest in der Bundeswehr üblich. So heißt es 1963 in der „Singfibel für Soldaten":

> *Das Soldatenlied erfüllt seine ethische Aufgabe, indem es den unter starken Spannungen stehenden Soldaten, insbesondere den Feldsoldaten, vor dem drohenden inneren Zusammenbruch bewahrt, indem es ihn „unerschütterlich" macht.*[343]

Ein Vergleich dieser Aussage mit der Äußerung des ehemaligen Reichskriegsministers Werner Eduard Fritz von Blomberg über die funktionale Bedeutung der Musik zeigt, dass der Text von 1962 auch problemlos in die Zeit des Nationalsozialismus gepasst hätte. Blombergs Ansichten sind 1936 in dem „Liederbuch für Wehrmacht und Volk" zu finden: *Das Lied ist des Soldaten guter Kamerad. Es schmiedet die Truppe zusammen in frohen und ernsten Stunden. Es gibt ihr Kraft und Zuverlässigkeit. Kameradschaft und Korpsgeist sind ohne das deutsche Soldatenlied nicht denkbar.*[344]

Was in den Zitaten aus den 1960er Jahren auffällt, ist die Tendenz zur emotionalen Beeinflussung des Individuums im Sinne des Staates oder der Gemeinschaft durch Musik. Anstatt der Erziehung zum selbstständigen, kritischen und rational handelnden Menschen scheinen aus der nationalsozialistischen Musikerziehung bekannte Elemente wieder aufzutauchen. Aus den Erkenntnissen über den Musikmissbrauch im „Dritten Reich" kann man zu dem Schluss kommen, dass jeglicher politisch zweckgebundener Einsatz von Musik zu hinterfragen ist.

---

[342] Prieberg 1991, S. 32.
[343] *Singfibel für Soldaten.* In: Prieberg 1991, S. 33.
[344] Prieberg 1991, S. 33.

7 Anhang

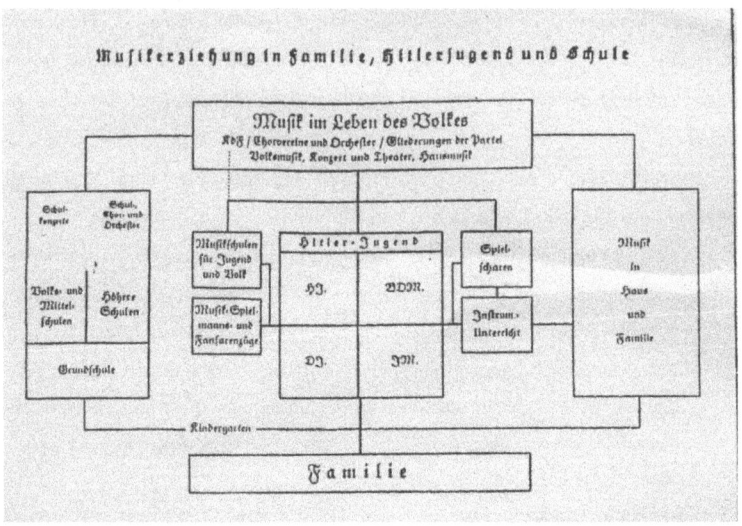

Abbildung 1: Schaubild zur Musikerziehung[345]

---

[345] Schaubild zur Musikerziehung in Familie, Hitlerjugend und Schule, In: Planung der Musikerziehung in der Hitlerjugend von Wolfgang Stumme. In: Musik und Volk, 4. Jahrgang, Heft 5, 1937, S. 20 ff.

8 Literaturverzeichnis

Adamek, Karl: *Singen als Lebenshilfe: Zur Empire und Theorie der Alltagsbewältigung* . Münster 1996.

Antholz, Heinz: *Zur (Musik-)Erziehung im Dritten Reich.* Augsburg 1994.

Book, Babara: *Kinderliederbücher 1770 – 2000.* Münster 2007.

Brade, Anna Christine; Rhode - Jüchtern Tilmann: *Das völkische Lied.* Bielefeld 1991.

Breloer, Heinrich (Hrsg.): *Geheime Welten – Deutsche Tagebücher aus den Jahren 1939 bis 1947.* Frankfurt am Main 1999.

Brüninghaus, Marc: *Unterhaltungsmusik im Dritten Reich.* Hamburg 2010.

Danuser, Hermann: *Die Musik des 20. Jahrhunderts. In: Neues Handbuch der Musikwissenschaft.* Bonn 1983.

Dörr, Margarete: *„Der Krieg hat uns geprägt" – Wie Kinder den Zweiten Weltkrieg erlebten (Band 1).* Frankfurt am Main 2007.

DuMont, Alfred Neven (Hrsg.): *Jahrgang 1926/27 – Erinnerungen an die Jahre unter dem Hakenkreuz.* München 2009.

Eichenauer, Richard: *Schriften zur Musikerziehung(Band 8): Von den Formen der Musik.* Wolfenbüttel 1943.

Eisler, Hanns: *Einiges über das Verhalten der Arbeitersänger und -musiker in Deutschland (1935). In: Musik und Politik. Schriften 1924- 1948.* Leipzig 1973.

Fachgruppe Musik in der Fachschaft II des NSLB München (Hrsg.): *Unser Lied – Liederbuch für höhere Schulen - Band I.* Augsburg und Wien ca. 1935.

Fellerer, Karl Gustav: *Musik und Politik „Deutsche Tonkünstler-Zeitung", XXX/7.* Mainz 1933.

Freud, Siegmund: *Das Unbehagen in der Kultur.* Wien 1930.

Gamm, Hans-Jochen: *Führung und Verführung – Pädagogik des Nationalsozialismus.* Frankfurt am Main 1984.

Gieseler, Walter: *Orientierung am musikalischen Kunstwerk oder Musik als Ernstfall. In: Geschichte der Musikpädagogik (Handbuch der Musikpädagogik: Band 1),* hrsg. von Hans-Christian Schmidt. Kassel 1986.

Giesecke, Hermann: *Hitlers Pädagogen – Theorie und Praxis nationalsozialistischer Erziehung.* München 1999.

Götz, Margarete: *Die Grundschule in der Zeit des Nationalsozialismus: Eine Untersuchung der inneren Ausgestaltung der vier unteren Jahrgänge der Volksschule auf der Grundlage amtlicher Maßnahmen.* Bad Heilbrunn 1997.

Greuel, Thomas: *Anregungen für den verantwortbaren Umgang mit musikpädagogischen Veröffentlichungen aus der Zeit der nationalsozialistischen Gewaltherrschaft.* In: *Vom Umgang des Faches Musikpädagogik mit seiner Geschichte,* hrsg. von Mechthild von Schönebeck, Essen 2001.

Günther, Ulrich: *Musikunterricht aus sechs Epochen des 20. Jahrhunderts.* In: *Musikpädagogische Forschung (Band 6: Umgang mit Musik),* hrsg. vom Arbeitskreis Musikpädagogische Forschung e.V. durch Hans Günther Bastian. Laaber 1985.

Günther, Ulrich: *Musikerziehung im Dritten Reich – Ursachen und Folgen.* In: *Geschichte der Musikpädagogik (Handbuch der Musikpädagogik: Band 1),* hrsg. von Hans-Christian Schmidt. Kassel 1986.

Günther, Ulrich: *Die Schulmusikerziehung von der Kestenberg-Reform bis zum Ende des Dritten Reiches.* Augsburg 1992.

Gutknecht, Dieter: *Musik als „Ethos Politikon".* In: *Staat und Schönheit - Möglichkeiten und Perspektiven einer Staatskalokagathie,* hrsg. von Otto Depenheuer. Köln 2005.

Hachmesiter, Lutz; Kloft, Michael (Hrsg.): *Das Goebbels-Experiment.* München 2005.

Hardey, Evelyn: *Kuckuck, kuckuck, sag mir doch... Tagebuch aus den Jahren 1942 – 1945.* Berlin 1990.

Helms, Siegmund; Hopf, Helmuth; Valentin, Erich: *Handbuch der Schulmusik.* Regensburg 1985.

Heister, Hanns-Werner; Klein, Hans-Günter (Hrsg.): *Musik und Musikpolitik im faschistischen Deutschland.* Frankfurt am Main 1984.

Hitler, Adolf: *Mein Kampf. 291. Auflage.* München 1938. (Aus der Quellensammlung eines Pädagogikseminars)

Jenne, Michael: *Musik, Kommunikation, Ideologie.* Stuttgart 1977.

Kater, Michael H.: *Die mißbrauchte Muse: Musiker im Dritten Reich.* München 1998.

Kater, Michael H.: *Hitler – Jugend.* Darmstadt 2005.

Keim, Wolfgang (Hrsg.): *Pädagogen und Pädagogik im Nationalsozialismus – Ein unerledigtes Problem der Erziehungswissenschaften.* Frankfurt am Main 1990.

Keim, Wolfgang: *Erziehung unter der Nazi-Diktatur: Band 1.* Darmstadt 1995.

Klönne, Arno: *Jugend im Dritten Reich – Die Hitlerjugend und ihre Gegner.* Köln 2003.

Klönne, Arno: *Jugend im Nationalsozialismus – Ansätze und Probleme der Aufarbeitung.* In: *Pädagogen und Pädagogik im Nationalsozialismus – Ein unerledigtes Problem der Erziehungswissenschaften,* hrsg. von Wolfgang Keim: Frankfurt am Main 1990.

Koch, Hans-Jürgen: *Das Wunschkonzert im NS – Rundfunk.* Köln 2003.

Konrad, Franz-Michael: *Geschichte der Schule: Von der Antike bis zur Gegenwart.* München 2007.

Knopp, Guido: *Hitlers Kinder.* München 2000.

Leeb, Johannes (Hrsg.): *„Wir waren Hitlers Eliteschüler".* Ehemalige Zöglinge der NS - Ausleseschulen brechen ihr Schweigen. Hamburg 1998.

Le Bon, Gustav: *Psychologie der Massen.* 2007.

Lemmermann, Heinz: *Musikunterricht.* Regensburg 1977.

Mann, Erika: *Zehn Millionen Kinder: Die Erziehung der Jugend im Dritten Reich.* München 1989.

Maschmann, Melita: *Fazit: Mein Weg in die Hitler-Jugend.* München 1980 (3. Auflage).

Meyers, Peter; Riesenberger, Dieter (Hrsg.): *Der Nationalsozialismus in der historisch-politischen Bildung.* Göttingen 1979.

Niedhart, Gottfried; Broderick, George (Hrsg.): *Lieder in Politik und Alltag des Nationalsozialismus.* Frankfurt am Main 1999.

Niessen, Anne: *„Die Lieder waren die eigentlichen Verführer!": Mädchen und Musik im Nationalsozialismus.* Mainz 1999.

Noll, Günther: *Zwischen Kinderweltidylle und Wehrerziehung. Anmerkungen zum Kinderlied in der NS-Zeit.* In: *Kinderliederbücher 1770-2000,* von Barbara Book. Münster 2007.

Nyssen, Elke: *Schule im Nationalsozialismus.* Heidelberg 1979.

Pedersen, Ulf: *Bernhard Rust: Ein nationalsozialistischer Bildungspolitiker vor dem Hintergrund seiner Zeit.* In: *Steinhorster Schriften und Materialien zur regionalen Schulgeschichte und Schulentwicklung (Band 6),* hrsg. von Heinz Semel. Braunschweig 1994.

Pehle, Walter H. (Hrsg.): *Die Zeit des Nationalsozialismus – Eine Buchreihe.* Frankfurt am Main 1993.

Prieberg, Fred K.: *Musik im NS-Staat.* Frankfurt am Main 1982.

Prieberg, Fred K.: *Musik und Macht.* Frankfurt am Main 1991.

Reich-Ranicki, Marcel (Hrsg.): *Meine Schulzeit im Dritten Reich – Erinnerungen deutscher Schriftsteller.* München 1992.

Roth, Alfred: *Das nationalsozialistische Massenlied: Untersuchungen zur Genese, Ideologie und Funktion.* Würzburg 1993.

Schebera, Jürgen: *„Die Rote Front, schlagt sie zu Brei":* Nationalsozialistische Kampflieder – ein kurzer Überblick. In: Das „Dritte Reich" und die Musik, hrsg. von der Stiftung Schloss Neuhardenberg in Verbindung mit der Cité de la musique, (Paris). Berlin 2006.

Schmidt, Hans-Christian: *Geschichte der Musikpädagogik - Handbuch der Musikpädagogik: Band 1.* Kassel 1986.

Scholtz, Harald: *Erziehung und Unterricht unterm Hakenkreuz.* Göttingen 1985.

Schreckenberg, Heinz: *Ideologie und Alltag im Dritten Reich.* Frankfurt am Main 2003.

Steinbach, Lothar: *Ein Volk, ein Reich, ein Glaube? Ehemalige Nationalsozialisten und Zeitzeugen berichten über ihr Leben im Dritten Reich.* Bonn 1983.

Stern, Annemarie: *Lieder gegen den Tritt: Politische Lieder aus fünf Jahrhunderten.* Mühlheim 1974.

Stern, Carola: *Doppelleben.* Reinbek bei Hamburg 2004.

Stiftung Schloss Neuhardenberg in Verbindung mit der Cité de la musique, Paris (Hrsg.): *Das „Dritte Reich" und die Musik.* Berlin 2006.

Stumme, Wolfgang: *Völkische Musikerziehung IV,* hrsg. im Auftrag des REM und des NSLB von E. Bieder. Braunschweig 1938.

Sturm, Karl-Friedrich: *Deutsche Erziehung im Werden. Von der pädagogischen Reformbewegung zur völkischen und politischen Erziehung,* Berlin 1942 .

Sulzer, Georg: *Allgemeine Theorie der schönen Künste.* Kiel 1777.

Thamer, Hans-Ulrich: *Die Deutschen und ihre Nation - Verführung und Gewalt: Deutschland 1933 -1945.* Berlin 1986.

Vogelsänger, Siegfried: *Musik als Unterrichtsgegenstand der Allgemeinbildenden Schule.* Mainz 1970.

Volker, Reimar: *„Von oben sehr erwünscht": Die Filmmusik Herbert Windts im NS-Propagandafilm.* Trier 2003.

Von Bilavsky, Jörg: *Joseph Goebbels.* Hamburg 2009.

Von Schönebeck, Mechthild (Hrsg.): *Vom Umgang des Faches Musikpädagogik mit seiner Geschichte.* Essen 2001.

Walter, Michael: *Hitler in der Oper: Deutsches Musikleben 1919 – 1945.* Stuttgart 1995.

Willenborg, Rudolf: *Die Schule muss bedingungslos nationalsozialistisch sein: Erziehung und Unterricht im Dritten Reich.* Vechta 1986.

Liederbücher:

„Wir Mädel singen": Liederbuch des Bundes Deutscher Mädel, hrsg. vom Kulturamt der Reichsjugendführung. Wolfenbüttel und Berlin 1937.

„Unser Lied": Ein Sing- und Musizierbuch für die Jugend (Erster Teil), hrsg. vom Nationalsozialistischen Lehrerbund (Gau Hamburg). Hamburg 1935.

„Unser Lied": Liederbuch für höhere Schulen (Band I), hrsg. von der Fachgruppe Musik in der Fachschaft II des NSLB München. Augsburg o. J.

Lightning Source UK Ltd.
Milton Keynes UK
UKHW011818250219
337978UK00001B/265/P